陪孩子终身阅读

弘丹　郭琳静　字美美
———— 主编 ————

北京日报出版社

图书在版编目（CIP）数据

陪孩子终身阅读 / 弘丹, 郭琳静, 字美美主编. —
北京：北京日报出版社, 2025.9. —— ISBN 978-7-5477-
5299-9

Ⅰ. G792；G78

中国国家版本馆CIP数据核字第2025BS4299号

陪孩子终身阅读

出版发行：	北京日报出版社
地　　址：	北京市东城区东单三条8-16号东方广场东配楼四层
邮　　编：	100005
电　　话：	发行部：（010）65255876
	总编室：（010）65252135
印　　刷：	河北盛世彩捷印刷有限公司
经　　销：	各地新华书店
版　　次：	2025年9月第1版
	2025年9月第1次印刷
开　　本：	880毫米×1230毫米　1/32
印　　张：	8.75
字　　数：	168千字
定　　价：	59.00元

版权所有，侵权必究，未经许可，不得转载

作为父母,我们都渴望把美好的祝福送给孩子。而陪孩子终身阅读,是父母送给孩子的珍贵礼物,也是对孩子深深的祝福。

当孩子养成了阅读的习惯,他就可以自由地在书籍的海洋里遨游,可以见到一个更广阔的世界。

有人说:"读书和不读书的世界是不同的。读书,世界就在眼前;不读书,眼前就是世界。"阅读,是穿越时空,与有趣的灵魂对话。阅读也可以对抗无聊和平淡。

一个爱阅读的孩子,会闯出自己的人生道路。《这儿可没人读托尔斯泰》的作者马克·霍金森,出生于贫困的家庭,靠着自学和大量阅读,成为记者、作家和出版人。他拥有超过3500册藏书,阅读改变了他的人生。

孩子的阅读，从出生就可以开始。父母是孩子阅读的启蒙老师，我们可以在欢笑和快乐的氛围中陪孩子阅读，让孩子觉得阅读是很有趣的事情。

孩子依偎在父母的怀中，亲子一起阅读，是温馨有爱的画面，会给孩子一生的力量。

我常常陪两个孩子阅读，也经常想象他们长大后，会是什么模样。

他们会长成帅气的小伙，他们会有自己的兴趣爱好。母子一场，终究是要分离的。孩子们长大后，会有自己独立的生活，会去追寻自己的人生目标和梦想。

我希望他们拥有什么样的能力呢？

我希望他们能拥有专注力、思考力、表达力，有独立思考的精神，在逆境中不轻易放弃，还有对生活的热爱。

而这些能力，都可以通过阅读获得。有书相伴，人生就不孤单。遇到困难的时候，也可以从书里汲取力量。

阅读，是孩子一生最值得培养的能力。

我从2018年开始举办年度的写作社群，至今已经有8年的时间，每年深度陪伴成百上千个写作爱好者。我发现，爱阅读的父母，往往都有一个爱阅读的孩子。身教胜于言传，父母对于阅读的热爱，会在无形中影响孩子爱上阅读和写作。

真正厉害的教育，不仅仅是把孩子送进名校，也要帮助他们搭建一个终身受益的"内在系统"。阅读，就是这个系统的基石。

这本书写给每一位愿意陪孩子阅读的人。它不是一本"教你如何提升阅读能力"的工具书。一位位父母、老师和阅读陪伴者，把自己真实的经历、感受、方法、困惑，毫无保留地分享出来，写给另一些正走在阅读陪伴路上的人。

这本书的作者是来自不同地区、有着不同身份的爸爸妈妈、老师和教育者，他们有的已经陪孩子阅读了10多年的时间。他们的方式各不相同，却有一个共同点：相信阅读，相信陪伴的力量。

我希望这本书不仅能带给你方法，更能带给你力量。让你在一次次陪读的时光中，看见孩子的成长，也看见内心热爱生活的自己。

让我们一起阅读每位作者的文章。阅读不同的父母陪孩子阅读、成长的故事，相信会给你启发和收获。

郭琳静 新阅阅读社群创始人，资深阅读疗愈师，图书出版和营销顾问。拥有11年阅读推广经验。从创办读书会到推广阅读，再到陪孩子阅读，她讲述了阅读如何点亮自己生命的故事，诠释了阅读的意义。

字美美 字美美练字学堂创始人，独创96字根高效练字法，帮助10万余名学员解决了定型多年的丑字问题，帮助近200位线上合伙人实现兴趣变现。她用自身经历展现了创业与育儿的完美平衡，她的时间管理和阅读方法极具启发性，能够激励读者在忙碌生活中坚持阅读。

徐捷　AI+高效阅读教练，《深度阅读》作者，正面管教认证讲师。他介绍了"卡片阅读法"的使用技巧，助力亲子实现高效阅读。方法具体可行，逻辑清晰，案例生动，兼具科学性与实用性。

陈鸣珂　鸣人汇读播创始人，自媒体新晋读书博主，高级家庭教育指导师，有600小时以上家庭育儿咨询服务经验。从学生时代通过阅读突围，到成为妈妈后践行亲子共读，再到推广阅读，她的故事感人至深，展现了阅读的力量。

许倩媛　从教十余年，专注广州中小学语文教育，擅长阅读写作教学，累计带过1000余名学生，全国冰心文学大赛优秀辅导老师，樊登撰稿人，二孩妈妈。阅读，带她穿越了失意与怅然，让她学会了积蓄力量，拥有重新出发的勇气。她循循善诱，培养孩子的阅读兴趣。她与学生共读共写，平等对话，和学生成为共同探索的伙伴。

青栀　医师转教师，高级家庭教育指导师，高级绘本阅读指导师，高级心理咨询师。她深入研究育儿与自我成长的关系，强调父母想教育好孩子，需要先疗愈自己。她的观点对家庭教育者具有参考价值。

曾玉婷　高级儿童阅读指导师，北京大学阅读课领读者计划结业学员，《行动的勇气》联合作者。阅读疗愈了她的伤痛，为她注入了力量，引领她不断向前。阅读也教会了她如何更好地聆听自己的心声，如何与自我和解。她人生经历丰富，如创作英文绘本，举办公益阅读分享活动，给小朋友上课等。同时，她深刻认识到"读万卷书，行万里路"的重要性。

莱雪 "80后"二孩职场宝妈，《写作重塑人生》《陪孩子终身学习》联合作者。她跨界阅读心理学、社会学、艺术史等领域的书籍，把跨界思维融入工作中，创新灵感因而源源不断地涌现出来，职业发展也有了意想不到的突破。

享邑 体制内工作者，国家二级心理咨询师，陪伴孩子终身成长者，弘丹写作学院私董会成员。她成了母亲后，转变了育儿理念。陪孩子阅读，让她变成了一个热爱阅读和写作的人，内心更加自信，在生活上努力进取、积极勇敢，不断突破自我，收获了满满的幸福与成就感。孩子的成长激励着她不断前行，而她的成长也为孩子树立了榜样。

爱鸣谦 "阅践"联合创始人，"乐行人生"主理人，7年连续创业者，喜马拉雅认证有声演播师（中级）。作者通过阅读，在遭遇中年危机时找到了破局之道，在育儿方面掌握了教育方法，在推广阅读中领悟到了生命的深层意义。

刘燕 绘本阅读指导师，中级家庭教育指导师，青少年生涯规划师，社区青少年社工。她通过亲子阅读，培养了两个女儿独立阅读的良好习惯，通过阅读和分享，帮助别人在生活中找到智慧和力量，展现了阅读是如何重塑人生的，极具借鉴意义。

晨阳 职场妈妈，亲子阅读推广者。高级家庭教育指导师，心理咨询师，绘本阅读指导师。从生命最初1000天的阅读早教，到高质量陪读，再到营造家庭阅读氛围，她的故事描述了阅读如何成为建立良好亲子关系的纽带，具有参考价值。

张博 作家、诗人，职业警察，新疆吐鲁番市公安文联作协主席，作品发表于《人民日报》，曾获"金鼎杯"金奖、"屈原诗歌奖"桂冠奖等，代表作有《党旗飘扬》《警魂颂》等。他的故事讲述了双警家庭如何通过阅读培养孩子，极具启发性。

袁文魁 国际益智运动联盟副主席，记忆传承人联盟主席，世界记忆大师，世界记忆总冠军教练，长江读书节讲书人，文魁读书会创始人，第11届当当影响力作家人气名师奖得主，《记忆魔法师》《打造最强大脑》作者。他结合脑力训练与亲子阅读，提升孩子的多元智能。他在陪女儿共读的过程中成长，命运因为读书而改变，认识到学习国学经典可以唤醒内在智慧。

叶沃泉 国企退休干部，退休后致力于书法研究。作者探讨了AI时代亲子阅读的意义，充满人文关怀；通过多个例子，表达了自己的观点，即守护孩子的想象力，要让AI辅助而非替代亲子阅读，陪孩子阅读是为了守护孩子的精神家园。

镜心 2024年畅销书《行动红利》联合作者，从医学跨界教培行业20余载，秉持"育人先育心"理念的经典文化践行者。20余载的解惑育人之路，为很多孩子的人生奠定了坚实的道德基础。

杨璞 "全国最美家庭"获得者，"福建省书香家庭"获得者，福州市"读书明星"，福建省巾帼志愿服务十大感动人物。创办以中医药启蒙为特色的传统文化公益学堂——赤玉学堂，开展乡村亲子阅读公益活动，组织亲子天天读经典活动超1000天，极具教育意义。

胡斐飞Selene 毕业于上海交通大学国际经济与贸易专业，《改变的勇气》联合作者，上海荆迈网络科技有限公司（汽配行业）社媒运营负责人，高级互联网营销实战专家，公域流量获客教练。她讲述了自己通过阅读实现精神成长，成为读书博主的故事，给人以启发和奋进的力量。

米昕 高级家庭教育师，英语学习规划师，用陪伴当课本的妈妈。从晚熟母亲到教育奇迹，她通过阅读改变了育儿观念，培养了孩子的自主阅读习惯，而孩子通过阅读大幅度提高了自己的英语水平。作者的教育方式值得很多家长借鉴。

黄春莲 中学教师。她讲述了自己被确诊乳腺癌后，在放化疗期间通过阅读实现了精神蜕变，以及通过讲故事培养孩子的阅读习惯，践行亲子共读的故事。作者的故事亲切感人，彰显了阅读的疗愈力量。

雨羽Claire 中英文阅读爱好者，金融科技从业者，就职于基金公司，从事理科方面工作，却天生拥有文科的天赋和思维。她通过讲述亲身经历，展现了陪孩子阅读的力量，以及如何用阅读平衡生活与工作，对新手宝妈来说极具指导意义。

林婷 家庭教育指导师，心理咨询师，婚姻情感咨询师，潜能开发师，高级视力防控师，实体店主，二孩妈妈，长期主义者。林婷通过婚姻与育儿实现了成长，她的故事展现了阅读的治愈力量，能够引发读者对家庭教育的思考。

琳清 儿童阅读推广人，童书博主，倡导"有童书"的生活方式，倡导用阅读陪孩子成长。通过阅读，琳清不仅赋予了自己力量，也使自己的孩子爱上了阅读。她的亲子阅读故事，讲述了阅读是如何成为家庭纽带的，启发性极强。

张薇 演说者少儿口才创始人，学作舟读书会发起人，迷宫蓝共创书店产品负责人，从事教育行业7年。她以个人成长与教育实践为主线，强调阅读对人生的深远影响，观点深刻，具有强烈的感染力与启发性。

费米Phemie 日本文学硕士，兼职日语和华文老师。热爱阅读与写作，积极推广儿童阅读和写作技巧。华语演讲和脱口秀爱好者及实践者。作者通过讲述自己的育儿故事，对AI时代的亲子共读教育进行了思考，认识到它具有不可替代性。

婧怡 年阅百本践行者。通过阅读，她直面使自己自卑的视力问题，用100天征服了半马赛道，搭建起自己财富的基石，还使女儿爱上了阅读。

向文Eva老师 向上教育学苑创始人，国际蒙台梭利AMS主教，美国TESOL国际英语教师，蒙氏双语线下实体园创业12年，累计为10000多位家长赋能。她研发出的课程体系，取得了显著的成绩。成为妈妈后，她领悟到，养育孩子是一场修行。她培养出很多优秀的蒙氏双语老师，满足了孩子在不同阶段的成长需求。

晶晶 新加坡国立大学理学硕士，新加坡政府理工学院讲师，认证Problem-Based Learning（PBL）导师，小麦茶读书会创始人，蒙台梭利幼儿教育理念践行者。她通过组织读书会，陪孩子阅读，不仅提高了孩子的中文成绩，孩子还养成了阅读习惯。作者的育儿方法有较强的参考性。

夏南Nancy 新加坡早期双语阅读协会会长，新加坡女性成长社群创始人，三个孩子的妈妈，15年亲子阅读推广实践者。她的人生因为与孩子共读而改变：她找回了语言学习的信心，弥补了情感的空缺，找到了热爱的方向，建立了助力女性成长的社区。

容朗Nicole "90后"二孩创业宝妈，深耕教育培训行业11年，持续创业者，英语学习规划师，双语绘本指导师。她讲述了自己与孩子的阅读和成长故事，把育儿从CPI考核变为生命共舞，放下了曾经的执拗和焦虑。她告诉大家"俩娃以后，精彩依旧"的生活理念，这种理念能影响更多女性活出自己的价值。

张晓天 弘丹写作资深社群运营，小红书读书博主，手机摄影爱好者。她以新手妈妈的身份，分享了亲子阅读的方法与心得，强调了言传身教的重要性。方法实用，对于新手妈妈教育孩子有极大的帮助。

微微 正面管教家长讲师，高级家庭教育指导师，社群运营官。阅读让她从懵懂的农村小姑娘，成长为一个自信、内心充实的妈妈。通过画思维导图，她能够在写作时清晰地表达自己的想法；考取了正面管教证书后，她具备了化解亲子矛盾的能力；为孩子们讲解绘本催生了她的表达欲，使她不再害怕用文字袒露心声。

希望大家添加本书作者们的微信，跟他们近距离交流，围观他们的朋友圈。也可以添加我的微信，未来我会帮助至少1000位作者实现出书的梦想。

我要感谢每一位作者，他们毫无保留地分享了自己陪孩子阅读的故事，共同创作了这本书。特别感谢郭琳静老师，她邀请了多位热爱阅读的作者，一起参与创作，也感谢大咖书房为本书的出版所做的贡献。

更要感谢阅读这本书的你。我们因书结缘，成为育儿路上的同行者。让我们一起陪孩子终身阅读,终身成长。

弘丹

《AI写作宝典》《读书变现》等作者

📝 合集出书 >>>

帮你从 0 到 1 实现出书梦想

今天,出书不再是少数人的机会。「大咖书房」为了帮助普通人实现出书梦想,正式发起了「畅销书 IP 计划」。

我们将和知名畅销书作家、资深编辑和写作导师一路,带你深度体验写书出书的关键过程。即使你从未有过任何写作和出书经验,也能在大咖书房的精心辅导下,实现自己期待许久的出书梦想。

📝 独著出版 >>>

(畅销书) = (流量) + (影响力) + (IP) + (产品) + (变现)

出一本书,就意味着你在该领域的影响力、发言权和领先地位。而成功打造一本爆款畅销书,能让你的影响力快速放大,为你带来更多领域上的成功。

如此多的知识作家和 IP 愿意选择大咖书房,
就是因为我们能为你带来**高效专业**的
定位、写书、出书、推广和销售的全站式服务。

大咖书房

✎ 3个月就能实现 »

「大咖书房」是国内知名图书出版服务商，拥有一流的图书写作团队、专业的图书策划出版平台、强大的媒体宣发渠道以及完善的线上线下销售渠道。

公司创立 16 年来，已经帮助 3000 余位名家大咖作者累计出版 4000 余种图书，多本畅销书销量超过 50 万册，合作的作者有茅盾文学奖获得者梁晓声、历史学家阎崇年、著名军事专家戴旭、网络知名大 V 周导、龚文祥、戴云、Girlup、许晋杭、刘大猫、肖厂长、大尤、刘大铭、马方、所长老金、董十一、胡萍校长、密崽、小 Q 老师、弘丹、智多星、同传姐妹花、C 宾、蓝蒂蔻 Gina 等。

如果你想进一步放大自己的势能，撬动更多合作资源，得到源源不断的曝光机会，请加大咖书房微信，我们会助力你早日实现出书梦想。

每个人都是独角兽

扫码添加《陪孩子终身阅读》联合作者

弘丹　郭琳静 　字美美

青栀 　曾玉婷 　莱雪 　享邑

张博 　袁文魁 　叶沃泉 　镜心

黄春莲 　雨羽 Claire 　林婷 　琳清

向文 Eva 老师 　晶晶 　夏南 Nancy

目 录
CONTENTS

弘丹
打造书香家庭，轻松养出爱读书的孩子　　　01

郭琳静
以阅读为灯，用阅读点亮生命　　　11

字美美
左手创业，右手带娃：用阅读点亮终身成长之路　　　19

徐捷
卡片阅读法：开启亲子阅读新篇章　　　26

陈鸣珂
书海淬炼：一位母亲的阅读救赎与传承之路　　　35

▸ 许倩媛
阅读锻造生命,写作镌刻时光 　　　　　　　　　　43

▸ 青栀
育儿先育己的本质,一场双向奔赴的生命觉醒 　　　51

▸ 曾玉婷
陪孩子终身阅读 　　　　　　　　　　　　　　　58

▸ 莱雪
真正的家风,是让书架上长出三代人的年轮 　　　64

▸ 享邑
陪孩子阅读,成就彼此的蜕变 　　　　　　　　　72

▸ 爱鸣谦
陪孩子终身阅读:一个 80 后父亲的阅读成长手记 　80

▸ 刘燕
家庭共读,书香传承 　　　　　　　　　　　　　88

↘ 晨阳
以阅读为舟：打造亲子共读的终身成长地图　　　　　96

↘ 张博
警徽下的书香逆袭：双警家庭 10 年亲子共读故事　　　103

↘ 袁文魁
书籍是最好的健脑房和慧学堂　　　　　　　　　　　112

↘ 叶沃泉
在 AI 时代，陪孩子读一本"会呼吸"的书　　　　　　119

↘ 镜心
文化养心，传承育魂，父母与孩子共赴文化成长之旅　125

↘ 杨璞
此生作伴阅读生命　　　　　　　　　　　　　　　　133

↘ 胡斐飞 Selene
阅读的螺旋桨，让我的人生再次起航　　　　　　　　143

米昕
破茧成蝶：一位晚熟母亲的教育奇迹　　　　　　　　　150

黄春莲
陪孩子终身阅读　　　　　　　　　　　　　　　　　158

雨羽 Claire
悦读人生　　　　　　　　　　　　　　　　　　　　165

林婷
唯愿时光清浅，陪你一路晴天　　　　　　　　　　　173

琳清
让亲子共读成为家族永恒的传统　　　　　　　　　　180

张薇
陪孩子终身阅读　　　　　　　　　　　　　　　　　188

费米 Phemie
AI 不 AI——亲子阅读实践感悟　　　　　　　　　　195

▸ 婧怡
阅读点亮生命　　　　　　　　　　　　　　　　　　　203

▸ 向文 Eva 老师
破茧成蝶：从体制内教师到百万教育 IP 的成长启示录　　213

▸ 晶晶
在阅读中，找回母语的温度　　　　　　　　　　　　220

▸ 夏南 Nancy
从妈妈到社群创始人，我靠"陪读"打通人生任督二脉　　228

▸ 容朗 Nicole
共读时光，孩子教我重新生长　　　　　　　　　　　236

▸ 张晓天
如何用亲子共读培养孩子的终身阅读基因　　　　　　244

▸ 微微
阅读，平凡日子里的光　　　　　　　　　　　　　　252

打造书香家庭，
轻松养出爱读书的孩子

弘丹

畅销书作家，连续 5 届当当影响力作家
《AI 写作宝典》《读书变现》等书作者
AI 写作和孩子创意写作课讲师

作为两个孩子的妈妈,我一直在思考:我能送给孩子们最珍贵的礼物,究竟是什么?

如果有一份礼物,是我无论如何都想要给予他们的,那一定是——阅读。

阅读,成就了我的人生,带给我发自内心的幸福,也成为我热爱的事业。而最打动我的,是阅读带给我的心灵的自由和丰盈。

陪伴孩子终身阅读,是我能给孩子们的珍贵而深远的礼物。

01 爱读书的妈妈,打造书香家庭

苏州大学教授朱永新曾说:"一个人的精神发育史,就是他的阅读史。"

人生不同的阶段,幸好有书籍相伴。我在《读书变现》的自序中,有详细分享自己的阅读成长经历。

虽然我没有出生在书香家庭,但我从小喜欢阅读。那时不像现在的孩子,家里的书琳琅满目。我的童年几乎没有课外书,连童话故事书都是向同学借阅的。去小姨家玩,当大人们在打牌、孩子们在看电视时,我却喜欢一个人静悄悄地阅读,我如饥似渴地阅读着小姨父书架上的书。

也许正是这份对阅读的喜爱，让我在学业上始终名列前茅。从小学一年级开始，就是班里第一名，中考是全校第一名，本科和研究生就读于双一流高校。从浙江大学研究生毕业后，来到上海工作，并在这个城市安家落户。

我喜欢读各类书籍，尤其喜欢阅读名人传记，了解他们的成长经历以及原生家庭。当我读到自己喜欢的作者，是在书香家庭中长大，我发自内心地羡慕他们。

十多年前，我在图书馆读到《合肥四姐妹》，讲的是苏州九如巷张家四姐妹的故事。叶圣陶曾说："九如巷张家的四个才女，谁娶了她们都会幸福一辈子。"当时我就特别向往，我也渴望这样的家庭氛围，想要成为这样的女性。

在阅读书籍时，我们内心的渴望会被激发，不知不觉在心中种下种子。若干年后，生根发芽，你会惊讶地发现，曾经渴望的生命状态，正悄悄出现在现实生活中。

就像保罗麦尔所说的："你所清楚预见的、热切渴望的、真诚追求的、全心全意争取的，都会自然而然地实现。"

如今，我已是两个孩子的妈妈，家族的传承，是我经常思考的问题。

2023年，我在苏州举办个人品牌线下闭门会，是在一个有着200年历史的苏州老宅，门匾上是李鸿章亲笔题词"光前裕后"。那天，我特别邀请了老宅的主人来分享家族故事。

特别巧，那场线下闭门会的主题之一，就是"传承"。通过那次活动，我确定了自己人生的关键词之一，就是传承。

我喜欢写作，是无心插柳柳成荫，也许也是偶然中的必然。

2015年1月4日，我读到一篇文章，女主人公想要用文字记录自己的所想所思。我被这篇文章深深打动，第二天就早起了1个小时，在书桌前写400字日记，从此开始了自己的写作之旅。

2025年是我写作的第10年。我常常想，自己真的很幸运，在20多岁的时候，因为看了一篇文章即刻行动，而找到了自己的终身事业，能够做自己喜欢而擅长的事情。28岁出版第一本书，30岁成为自由职业者，36岁出版人生的第10本书。

回顾自己的阅读史，我觉得偶然之中，又有一些必然。

我们喜欢阅读的书籍背后，是自己渴望的生命状态，以及渴望成为的样子。我喜欢的作者都是非常擅长写作的，比如：林清玄、季羡林、林徽因等。

当我读了很多这样的书，内心悄悄种下了写作的种子，只是我自己没有意识到。当遇到合适的机会，这颗种子就抓住机会，生根发芽。

经过10年的写作，我从一个IT女工程师，成为出版了10余本书的畅销书作家，连续5届的当当影响力作家。

虽然我没有出生在书香家庭，但我用10余年的阅读和写作，为我的孩子们打造了一个书香家庭。

02 爱读书的妈妈，轻松养出爱阅读的孩子

我爱阅读，我的孩子们也是如此。

大宝Alex今年6岁半，9月份即将步入小学。他的识字量已经超过2000个字，在同龄孩子中属于识字量比较大的。我们并没有刻意教他认字，很多字都是他在阅读过程中逐渐认识的。他也知道很多成语，经常跟我玩成语比拼，我常常惊叹，他是从哪里知道的这些成语。他说，是看书知道的。

当妈妈热爱阅读，让孩子爱上阅读，像呼吸一样自然。大宝喜欢上阅读，是自然而然的事情。书籍本身就是有魔力的，孩子天生就喜欢听故事，对未知充满好奇心，喜欢有趣新奇的事物。我们家长只要创造阅读的环境，让孩子随时都能看到自己喜欢的书，他自然就会爱上阅读。

孩子小时候还不识字时，我会给他读绘本、讲故事，但他开始自主阅读后就自己读书了。一开始肯定有一些字不认识，但也不妨碍阅读。我们给他买了一个儿童书架，把他的书放在这个书架上，他就会从书架里选择自己喜欢的书来阅读。

孩子除了阅读绘本，还可以阅读科普类的书。三四岁时，他很喜欢的一套书是《神奇校车》。我经常给他讲这一套书，他了解了很多物理化学的知识。他也喜欢天文，小的时候就能说出宇宙中很多行星

的名字，有些甚至是大人都不熟悉的。

孩子有自主阅读和自主学习的能力，对于感兴趣的东西，会自己去探索。孩子的记忆力也很强，在很小的时候，大宝就会背诵很多古诗。3岁左右就能背诵《将进酒》，虽然不知道是什么意思，但能跟着背诵全文。小学的古诗他基本都会背，能够跟小学高年级的哥哥姐姐们一起比拼古诗。

这些并不需要家长大量的时间投入，而是通过日常的点滴陪伴，随时跟孩子分享，一起阅读，一起背诵，在不知不觉中，孩子就学会了。这就是当下比较火的"无痛学习法"，在日常的玩耍中学习。

孩子要读的书可以去图书馆借。大宝读的很多书，都是从图书馆借的。从图书馆借书非常方便，我家附近的商场就有图书馆的借书柜，扫码就能借阅。平常去逛超市或逛公园，就能顺便借书。

借书时我会让孩子挑选他喜欢看的书，我也会给他推荐不错的书。每次借完书，提着重重的袋子回家，是沉甸甸的幸福。

有时，碰到喜欢的书，他迫不及待想要阅读，就会在商场先看完书再回家。这也是为什么，要让孩子自己去选书，孩子天生就喜欢故事，他们会忍不住想要阅读。

在陪孩子阅读时，可以发现孩子的阅读偏好。大宝喜欢阅读历史类的书籍，特别喜欢《漫画版趣读三十六计》，对三十六计能够脱口而出，还能讲出背后的历史故事。当你了解孩子的阅读偏好，就可以精准推荐他喜欢的书。

分享三条陪伴孩子阅读的方法。

第一，大量阅读，广泛涉猎。

鲁迅曾说，阅读要先泛后专。孩子的阅读也是如此，要先大量阅读，不要只局限于某个类别。绘本不一定只是讲故事的，也可以是物理、化学、天文等科学绘本。通过大量阅读，孩子会逐渐建立起自己的知识体系。所以，我们每次去图书馆借书，都会借一大摞书。

第二，尊重选择，鼓励自主阅读。

让孩子自由挑选喜欢的书，他们会更愿意阅读。当孩子有了一定的识字量，就鼓励他们自主阅读。要让阅读变成一件开心有趣的事情，而不是强制的任务。

第三，经典为根，趣味为枝。

要挑选经典好书，提升孩子的阅读品味。有些经典的书籍还可以朗读，提升孩子的语感。阅读兴趣与深度兼具，读书不止有趣，还能滋养灵魂。

03 英文阅读，让孩子无痛习得英语

除了中文的阅读，孩子小的时候，也可以同步进行英语启蒙和阅读。孩子越早接触英语，就越容易无痛学习英语。

孩子的大脑在3—6岁期间，语言学习的能力特别强。如果在这个阶段接触英语，创造浸泡式的语言环境，英语会像母语一样自然地被

吸收和运用。

大宝Alex的英语启蒙，从出生开始就有持续在做。0到2岁时，会听一些英语的儿歌，比如《One Little Finger》，这是他学会的第一首英文歌。这个阶段可以多听《Super Simple Songs》这类儿歌，既能磨耳朵，又能带着孩子跟唱。

同时，可以陪伴孩子阅读英文的绘本和分级阅读。大宝刚出生时，我就买了英语启蒙相关的书籍，培生英语绘本，红火箭整套分级读物。我平常会陪伴他阅读这些英文书籍，也会陪他看英语动画片，像"Little Fox""WOW English"是他比较感兴趣的。

英语学习的前期核心是"输入"——大量听、大量读、大量积累。当积累到一定程度，孩子就会进入"输出"期，自然而然地开口表达。

目前，大宝英语阅读词汇量通过百词斩App测试约2000，听力词汇量约2500。拥有一定的日常英语对话能力，基本掌握小学英语词汇，并能理解和朗读小学一、二年级的英文课本。

有了陪伴大宝的阅读经验，对于二宝的阅读，就会更加得心应手，陪伴的方式还会迭代和优化。

二宝出生后，我更重视英语启蒙与英文阅读。日常生活中，我会经常跟他说英语，让他自然接受英语输入。也会给他读英文布书和绘本，播放英文儿歌。

希望二宝能成为双语宝宝，英语可以像母语一样轻松习得。

04 阅读的传承，成就更多的书香家庭

写下这篇文章时，正好是二宝出生100天，我想把这篇文章，作为一份特别的礼物送给他。

2025年，最让我开心的事情，就是二宝的诞生。他的到来，让我开启了忙碌而幸福的二孩宝妈生活。养育孩子，也是治愈自己的过程，看着可爱的宝宝，所有的烦恼都烟消云散。

二宝出生后，我把更多的时间和精力投入育儿和陪伴孩子成长上，开启了"AB妈妈弘丹"的育儿博主之旅。

同时，我也更加坚定了自己的使命：聚焦"阅读+写作"，陪伴更多家庭成为书香之家。

从小我就羡慕那些成长在书香家庭的孩子，很多才华横溢的女性，也出身于这样的家庭，比如李清照、谢道韫、林徽因、杨绛等。她们让我相信，阅读可以传承，也可以成就更丰富的人生。

过去10年，我从一个人阅读写作，到影响10万人跟我一起爱上阅读和写作。希望未来我可以影响10万个书香家庭，一起爱上阅读、享受阅读、传承阅读。

阅读是获取知识的重要途径，拥有阅读能力的孩子，能够通过自学能力，掌握社会所需要的技能，也能保持终身学习的习惯。

阅读，是一种疗愈。书中有答案，有慰藉，有陪伴。喜欢阅读的孩子，更容易获得内心的平静和丰富的精神世界。

一个家庭最重要的传承之一,就是"爱读书"和"会读书"。母子一场,终有一天孩子们会独自面对世界,而阅读能力将成为他们走得更远的力量。

"父母之爱子,则为之计深远。"陪伴孩子终身阅读,就是在为孩子的长远发展铺路。

读书,是一场无限游戏。让我们一起陪伴孩子终身阅读,陪伴孩子活出幸福而丰盈的人生。

以阅读为灯，
用阅读点亮生命

郭琳静

新阅阅读社群创始人
资深阅读疗愈师
图书出版和营销顾问
拥有 11 年阅读推广经验

有时候，人生的路不是等来的，是自己走出来的。

2013年大学毕业，站在人生的十字路口，我四顾茫然。未来的方向模糊不清，只剩下心中隐隐的一团火：渴望成长，渴望找到同类。

现实却冷冷地提醒我：没有现成的路径，也没有现成的群体。我内心充满了不甘和抱怨，直到遇到一位贵人，她认真地告诉我："Grace，如果你觉得没有一个你心仪的读书会，那你就去创造一个。"

没有，就去创造。这句话像一道闪电划破了我沉闷的天空，当晚我就失眠了，我的脑子在不断地绘制蓝图。我忽然明白，成长不是等来的，而是亲手创造出来的。

于是，我创办了新加坡趁早读书会。虽然那时的我，既不会策划，也不擅长表达，但就是这样真诚的初心，点燃了我生命中最重要的一场长跑。一切故事和机缘，都从这里开始。

从自己开始，用阅读改变自己，也慢慢学会去点亮别人。阅读，悄悄地成了我的生活方式。

它不仅是我成长的路径，也成为我陪伴孩子、陪伴他人、陪伴自己的方式。以阅读为灯，照亮自己；以阅读为灯，温暖前行路上每一个偶然遇见的人。

01 从"年阅百本"开始：没有，就去创造，百炼成钢

最初创办读书会时，我其实什么都不会。

我不知道如何策划和组织活动，也不知道导读书籍该怎么做，身边也没有很多想要参与读书会的人。但我就是想做这件事，我都不知道自己当时的勇气是从哪里来的，反正干就对了。

在一次次主持分享后，我深刻意识到，自己的积累远远不够：读得太少，思考太浅，表达也不清晰。于是，2014年年初，我向自己发起了一个挑战——年阅百本书。

一年结束后，我读完了113本书。我发现自己拥有了一种非常扎实的自信。

完成年阅百本的挑战后，我仔细复盘了这个过程，总结出了一套高效阅读的方法，以直面自己的问题和需求开始，来搭建整个阅读体系，帮助自己实现改变。

我意识到我的心性和认知都改变了很多，还逐渐做起了个人品牌。

我因此掌握了一套积累本事的方法论，后来我把这个方法论总结为：百炼成钢。从年阅百本开始，我逐渐开始挑战百场读书会、百篇文章、百人咨询、百人演讲、约聊百人、百次健身等。每次完成后我

都会收获特别扎实的自信。

这些日积月累的练习,让我学会了信任时间,相信水滴石穿的力量。

02 愿景点燃:从小我到大我,从点亮自己到点亮他人

2018年,我决定辞职,正式将阅读推广作为我的事业。正当我准备全力出发时,却意外怀上了二胎。在家乡生产、休养的那段日子,朋友们因为知道我在做阅读推广,都积极给我提供机会。

阅读推广,成为我在家乡联结他人的契机。朋友邀请我上电台做分享,我们在当地举办了高效阅读实践营,还去乡镇给孩子们分享绘本,交流阅读推广的经验。

第一次走进乡镇的幼儿园,给孩子们和家长分享绘本,进行阅读推广,有一幕我至今难忘:几十双清澈的小眼睛,安静的家长们,专注的神情……

那一刻,我突然明白了:阅读不仅丰盈了我的内心,也可以在别人的心田,悄悄种下希望的种子。

从那以后,我开始拓展行动:

与公益组织合作,为乡村儿童捐赠图书;

2024年,启动了阅读推广高校行计划。

走进大学校园，我们不仅分享用阅读点亮生命的故事，更用温柔而有力的方法，陪伴年轻人穿越迷茫与焦虑，在阅读中重新联结自己，在文字里点燃内心的光。

如果说过去的我是用阅读改变了自己，那么从这一刻起，我真正走上了以阅读为灯，点亮他人的路。

03 一年一事，顺势而为：让阅读成为事业

离开职场后，我为自己设定了一个简单又深远的规则：一年一事。

每年专注完成一件对自己有重大意义的事情。用深度积累，对抗浮躁焦虑。顺势而为，不强求，不焦灼。

我的阅读之路，分为不同的阶段：

2014—2018年，练习基本功：年阅百本书、组织读书会，陪身边伙伴成长；

2019—2022年，将阅读与个人IP结合：教人如何通过阅读与表达，建立独特影响力；

2023—2025年，走向心灵深处：深研阅读疗愈，推动阅读疗愈师项目，并进入图书出版领域。

每一个阶段的产品与方向，都不是因为市场需要，而是因为那是我当时最真实的需求。

2024年,在一次旅行中,不知道为什么,我看着车水马龙的场景,内心就有新的东西长出来。当时的我是迷茫的,我突然意识到,靠我一个人去推广阅读是很难的一件事。我怎么去影响外卖小哥、滴滴司机?有些人,我永远无法触动。

我认识到自己的局限性后,也打开了新的思路,找到了阅读推广可以走的新方向:去联结和帮助每个领域里有影响力的人,出版和推广他们的书,点亮他们可以触及的人群。有生之年,我希望能帮助100位有影响力的人,出版他们的智慧结晶。

每一本书,都是一盏灯。点亮一个人,也许就能温暖一片天空。

04 阅读是我的生活方式,也是陪孩子成长的方式

阅读,不仅是我的工作和爱好,也是我生活的一部分,是我成长的方式,是我理解世界、连接人群的桥梁。

陪孩子阅读这条路,并不比自己成长的路更容易走。起初,我以为只要自己热爱阅读,孩子们自然会跟上。但我很快发现,单靠榜样的力量是不够的。

在信息爆炸的时代,孩子们面对的诱惑太多了。想激发他们对阅读的热情,培养阅读文字的能力,需要更细致的引导和策略。于是,我不断摸索,总结出非常重要的经验:

1.要用戏剧演绎的方法,让孩子们在角色扮演时先爱上故事;

2.要为孩子们构建多元化的学习场景,如煮饭、参观博物馆、玩桌游等;

3.要利用积累策略,提升阅读能力。

在这样的环境下,孩子们在上小学前,就培养了中英文自主阅读能力。

现在孩子们也参与到了我阅读推广的事业里。他们现在常常协助我做以下事情:

我们在新加坡国家图书馆举办活动,他们是志愿者,帮忙布置场地,招待参与者,有时也担任分享嘉宾。

我在中国举办的分享会,他们也常常做志愿者。

05 以阅读为灯,点亮更辽阔的生命

回头看,这一路的成长,我觉得非常不可思议。因为我真的很清楚2014年以前自己是什么情况。我是一个非常普通的人,没有任何拿得出手的东西。我内心没有力量,对很多事情和人都过度依赖,不独立,还总是怨天尤人,对未来充满了惶恐和迷茫。

现在遇到很多想要改变的伙伴,我都能从他们的身上看到自己。

我看着他们,会心生非常多的慈悲,我衷心希望他们可以给自己更多的耐心和包容,按自己的节奏成长。我现在仍然有一堆的毛病,

也时不时会焦虑迷茫。但是跟以前相比,我不那么着急了,我可以悦纳自己了。

我的故事是一个通过阅读照见自己的过程;也是一个通过培养阅读技能实现自我超越的过程;还是一个认识到自己的局限性后,愿意悦纳自己的过程。这个过程会反复出现,我明白这是我的生命体验过程。

左手创业,右手带娃:
用阅读点亮终身成长之路

字美美

字美美练字学堂创始人
独创 96 字根高效练字法,
帮助 10 万余名学员解决了定型多年的丑字问题
帮助近 200 位线上合伙人实现兴趣变现,
打造个人品牌
致力于以字入道,传播东方智慧

01 创业妈妈的10年蜕变

记得小时候,到了周末,我最喜欢去的一个地方,就是我们县城的图书馆,至今我还保留着儿时的借阅证。图书馆并不大,但是每个月都会更新很多新杂志,那些窝在图书馆里见天地的日子,为我的成长提供了养料。我想,如果人间有天堂,那一定是图书馆的模样。如今,稚嫩褪去,我从一个世界500强企业的白领,转身成为服务了数万学员的练字导师。

清晨6点,当城市还在沉睡时,我轻轻放下手中的书,起身给怀中熟睡的一岁半宝宝掖好被子。8年前,初到上海的我,带着"让大家都能高效练好字"的初心投身自媒体行业,靠着一台电脑、一部手机,将练字技巧拆解成"十分钟跟练"网课视频,如今,全网学员有数万人,课程复购率达80%。但比数据更让我骄傲的,是孩子出生后,我依然保持着每年100本书的阅读量,并将阅读方法论融入育儿日常。

02 时间管理是伪命题

关于阅读,我们经常听到的一句话是:"太忙了,没时间。"作为一名创业者、新晋宝妈，真的很想长出三头六臂。然而，时间是最公平的。我们每个人的一天都是24小时，有人做着低水平重复的工作，有人活出了48小时的精彩。我特别相信一句话："非有意去做重要的事情，就会无意去做不重要的事情。"所以，对于终身阅读这件事，首先要解决的就是时间问题：你每天为读书留出了多少时间？

终身阅读，最需要打破的就是"没时间"这个魔咒。没有"没时间"这回事，只有重要不重要。比如，我在给宝宝做辅食、整理家务的碎片时间，会戴上耳机听书、听课；在宝宝精力充沛，需要陪伴的时候，带他看绘本，给他讲故事；有时候他沉浸在自己的世界里玩耍，我就干脆拿纸质书在旁边"熏陶"他，这样他从小看到的就是一个爱读书的妈妈，而不是一个爱刷手机的妈妈。

孩子入睡后的两小时，是我雷打不动的"心流时间"——完成课程脚本的撰写、学员作业的批改、直播答疑、阅读批注输出等。你问我怎么有那么多时间？其实无他，每天早晨梳理下今日精进功课、今日工作日课、今天工作重点三件事，然后在24小时时间轴上，把每件事填进去，执行。也许你会说，还有很多突发情况呢。有问题就解决，解决完再按重要紧急程度去做事，思维要在先，这样执行效果才能到位。

03 我的5阶段阅读历程

回看我的阅读历程，分为5个阶段。

刚参加工作那几年，可以说我处于荒废的状态，每天大把的时间都耗在工作上，床头永远摆着一本书，但经常是一个月过去了，摆在那儿的还是这本书。

2017年，我迈出了创业的第一步，进入一个全新的领域，有太多不会的东西。除了向身边的老师付费学习，就是向书本请教。但是阅读速度始终很慢，那时候我要求自己每天看30—50页书，一周能看完一本就不错了。为了提高阅读效率，我几乎看完了讲阅读方法的所有书，包括《如何阅读一本书》《书都不会读，你还想成功》《快速阅读》《如何有效阅读一本书》等。

2019年年底，我学习了能够提高阅读效率的影像阅读法。我很喜欢"一边……一边……"这种思维方式。我创业时是一边学，一边干；我进行快速阅读，每天一本书，也是一边怀疑，一边读。2020年，我就这样跟跟跄跄地起步了，那时候是一边看书，一边画思维导图。导图画的丑得不得了，都不好意思发朋友圈。但是我一年至少完成了100本书的阅读量，非常有成就感。

2021年，我大胆地把身边的学员聚集起来，开办了"字美美读书会"，每天早上6点在腾讯会议上带领小伙伴读书半小时，3天完成小闭环，高效轻松地读完一本书，同时画出思维导图。在我的带领下，大部分人完成了一年阅读100本书的目标，而我也完成了每日一本书，全年阅读300本书的目标。

2023年，我怀孕了，为了能够顺利生下宝宝，我开始给自己减负，在阅读这件事上，从追求广博，改为追求专精。我开始慢读经典《论语》《道德经》《大学》《中庸》《素书》等，一边读，一边抄写。既做了胎教，又做了读书日课，一举多得。这两年阅读老祖宗的经典，给我带来了强大的智慧启迪和心灵滋养。我经常会体验到"原来是这样"的心流时刻。

04 给职场/创业妈妈的"三维平衡指南"

精力管理

作为一名女性创业者、一名新手妈妈，每天都要做大量决策，在工作和带娃之间，需要无缝切换。我有时候也有内耗。但是，这是我的选择，成年人要有为自己的选择承担压力的能力。

阅读这件事有多重要，不言而喻。我们只需要考虑每天什么时候做？做多久？如果你每天通勤需要乘坐公共交通工具，可以选择微信读书或者听书。我为了利用碎片时间学习，手机的第一屏上都是我每天打卡必需的软件。

人在一天时间内的能量是波动的。可以在精力峰值时段（如早上6—8点）读书、写作、做直播等，将高难度工作（如课程研发）与低耗能任务（如社群答疑）错峰安排。可以用OKR（目标与关键结果法）工具设定周目标。例如，"本周完成3节练字课迭代+亲子共读10本绘本"，避免焦虑。

认知升级

终身阅读的目的是让我们的生命活出质量,让我们的生活更美好。所以,每个人都需要为自己构建"T形能力结构",横向广泛涉猎,学习新知,拓宽视野;纵向结合自己深耕的领域,深入一万米。比如,目前我的T形能力结构,是这样设计的:

纵向深耕:持续精进书法教学,不断研习传统文化,成为最会教书法的国学老师,为服务世人做出贡献。

横向拓展:学习儿童发展心理学、教育学、美学、历史学、哲学等,从多个维度为成长赋能,为成为一名全方位发展的企业领导人而奋斗。

用心陪伴

围绕育儿这条重要的任务线,从绘本启蒙开始,每晚陪读,先培养宝宝的阅读习惯,逐步助力其走上一条终身阅读、终身成长的道路。以后宝宝大一些后,计划组织周末"家庭读书会",轮流担任"领读者";并制订"阅读存折"计划:每读完一本书,就和孩子一起存"知识金币",培养"阅读即财富"的认知。

05 育儿即育己,创业即修行

记得孩子第一次抓起笔,在我备课的笔记本上涂鸦时,我突然明白:所谓"榜样",不是刻意树立的标杆,而是将热爱融入呼吸的日常。当我把《曾国藩家书》中的"日课"改编成亲子打卡表，当孩子模仿我的动作学说话，教育的真谛已然显现——不只是为了培养孩子，更是为了唤醒彼此生命中的可能性。

没有完美的行动，只有过程中的趔趄。所以，请允许自己"不完美"。在阅读这件事上，不必强求每本书都要精读，重要的是保持"知识敏感度"。普通的改变，将改变普通。

从青涩的创业新手到成为孩子的母亲，我始终相信：真正的终身成长，是让孩子看见妈妈如何将热爱变成事业，并转化为行动，在琐碎中坚守初心。《认知觉醒》中说："成长就是克服天性的过程。"我想说，育儿与创业的本质，都是在与人性的博弈中，雕琢更好的自己。

在这条路上，我愿继续做那个"左手抱娃、右手执笔"的追光者，因为我知道：当妈妈的眼里有光时，孩子的未来终将闪亮。

卡片阅读法：
开启亲子阅读新篇章

徐捷

AI+高效阅读教练

《深度阅读》作者

正面管教认证讲师

在这个信息爆炸的时代，阅读就像是打开世界之门的钥匙，无论是大人还是孩子，都离不开这项基础又通用的技能。想象一下，周末的午后，阳光洒满房间，你和孩子相伴在一起共读好书，那画面是不是既温馨又充满希望呢？

但说起来容易，做起来难，咱们在阅读的路上，是不是也常遇到这些"小怪兽"？

1.买书如山倒，读书如抽丝：书架上的书越堆越高，可真正读完的却没几本。孩子也一样。新书买了一堆，翻两页就放下了。

2.学完就忘，像没看过一样：好不容易啃完一本书，转头就忘了大半。你问孩子书里讲了什么，他一脸茫然地看着你。

3.写作？不存在的，一提笔就犯愁：让孩子写个读后感，结果磨蹭半天也挤不出几句话。自己也一样。想记录点心得，却总是拖延。

4.知识是知识，生活是生活：学是学了，可就是不知道怎么用。比如，看了育儿书，面对孩子的调皮还是束手无策。

如果你也遇到过这些问题，别急，我这7年里就像个探险家一样，在阅读的世界里摸爬滚打，终于找到了一把"魔法钥匙"——"卡片阅读法"，用简单的小卡片，就能解决上面这些大问题！

快速阅读：想象一下，你和孩子一起读故事，边读边在卡片上记下关键词或有趣的地方。这样不仅读得快，还能让孩子更专注，感觉就像是在寻宝一样有趣！

高效记忆：写卡片的过程，就像是给大脑做了一场按摩，让知识深深扎根。下次再聊起那本书，你和孩子都能滔滔不绝，好像那些故事就发生在昨天。

轻松写作：有了卡片的帮助，写作不再是难题。就像是玩乐高，把一张张卡片拼起来，就是一篇文章。孩子也能轻松写出自己的小故事，成就感满满！

学以致用：最重要的是，咱们不仅能读能写，还能把学到的用到生活中。想象一下，周末午后，你和孩子一起读《神奇校车》，边读边在卡片上记下"卷毛老师""变形校车""蜜蜂采蜜"。读完后，你们一起看着卡片玩"故事接龙"，发现孩子居然能把蜜蜂怎么传粉讲得头头是道！

用书里的方法解决孩子的作业难题，或者一起策划一次家庭旅行，让阅读真正成为改变生活的力量。

人们总是认为，想提升阅读能力，需要复杂的训练、超强的毅力以及一定的天赋。其实，良好的阅读效果，往往只需要最简单的方法——"卡片读书法"和最简单的工具——"原来如此"卡片。

01 卡片示例，展示一张"原来如此"卡片

平时，你在读书的时候，是不是有一些观点或者概念，让你恍然

大悟，有一种想拍桌子，大喊一声的冲动？这些观点和概念，在意料之外，又在情理之中，给我们的阅读带来了巨大的快乐！

这种快乐的感觉，用一个词来描述就是"原来如此"！

阅读的时候，一定要打开自己的感觉，遇到让你觉得"原来如此"的观点，不要犹豫，赶快敲击键盘，写一张"原来如此"卡片。

具体怎么写呢？接下来，我展示一张标准的"原来如此"卡片。这张卡片，来源于《效率脑科学》，这是一本帮你科学用脑，高效工作的效率宝典。

本书作者戴维·罗克是神经科学领域的权威，作为神经领导协会的创始人，他参与研究和推广的成果，在4500多家公司落地应用。下面是卡片：

【来源】《效率脑科学》p121

【提炼】重新评估，是调节情绪的撒手锏

【解释】大脑渴望确定感，对未来的失控，会让人产生焦虑、慌张的负面情绪。面对负面情绪，很多人习惯压抑，习惯"打落牙齿和血吞"。在作者看来，这种应对策略是低效的，调节情绪的真正撒手锏是重新评估，从新的角度看待一件事。

【启发】想想我们的孩子常遇到的情景：比如，孩子有一次数学测验考砸了，看着满是红叉的卷子，他特别沮丧，把自己关在房间里，说："我太笨了，永远学不好数学！"这时，我们拿出卡片，引导他"重新评估"：不是"我笨"，而是"这次考试暴露了哪些知识点我没掌握好"。我们一起分析错题，发现主要是应用

> 题理解有误。于是，我们把"重新评估：找具体问题，不贴标签"写在卡片上。接下来一周，他重点练习读题和画图解题，再考同类题时就顺利多了。这次经历让他明白，考得差不是世界末日，而是发现问题的好机会！

这才是最重要的。

对于让我们产生负面情绪的事情，比如，一个项目没有成功，无须沮丧，把失败变成宝贵的经验即可。同样，当孩子遇到学习困难（如作文写不出来、题目总做错）或者社交挫折（和朋友吵架、比赛输了）时，引导他练习"重新评估"。问问他"除了觉得难过/生气/自己不行，还能怎么看待这件事？""我们能从中学到什么？"把"重新评估"这个工具也教给孩子，写在他的卡片上，这会成为孩子受用一生的情绪调节方法和解决问题的能力。

02 卡片拆解，创作"原来如此"卡片的4个步骤

如果你也想通过涂涂写写，写好一张"原来如此"卡片，只需要简单的4个步骤，分别是：来源—提炼—解释—启发。下面逐个来说。

第1步是来源：标注一下卡片的来源。对于读书卡片来说，主要是书目和页数，如果是电子书的话，最好也标注一下电子书平台，和纸质书作个区别。毕竟，很多电子书和纸质书的页码是不太一样的。

《效率脑科学》p121，就意味着这张卡片，是你通过阅读《效率

脑科学》这本书第121页获得的。如果是在电子书平台上阅读的，如得到App，该怎么标注呢？可以做如下标注：

【来源】《效率脑科学》p121得到电子书

为什么要标注卡片的来源呢？方便你温故而知新。人的大脑不是电脑硬盘，看过的内容，很容易遗忘。标注了卡片来源，你就能每隔一段时间，追溯到笔记的源头，回到书中，对相关内容进行复习，或许还能产生更多新启发，可以对卡片进行修改。

第2步是提炼：用简练的语言，提炼一个你觉得原来如此的观点。

注意：提炼不是完全的摘抄，而是精炼。如果原文已经很精练，直接摘录即可；如果原文比较复杂，那就需要做一些加工改造。

重新评估：调节情绪的"撒手锏"

在第一幕中，我介绍了"倒U形曲线顶端"的概念，即做决定和解决问题的最佳唤醒水平。这是一种平静的警觉，在这种状态下，你能够同时在几个层面上进行思考。如果舞台上还有足够的空间让导演时不时地加入来观察你的思考过程，你的思维方式会有更大的提高。

好吧，以上是没人能达到的"完美状态"，实际工作中包含着各种复杂、不确定、混乱的任务。如果一个人不能很好地调节情绪，那他在大多数工作中最多只能坚持一小时。虽然大多数人有合理的情绪调节能力，但他们的唤醒程度仍然超过了最优表现所需要的理想唤醒程度。当唤醒程度过高时，导演踪迹难觅。没有了导演，就很容易走神，不相关的演员就可以轻易跳上舞台、接管表演。即使是程度很轻的过度唤醒也会导致你在简单的工作上磨蹭太久，或者错过重要的见解。在这个时代，我们被智能手机上的潜在威胁性信息狂轰滥炸：不管是新闻资讯,还是在朋友圈里与亲戚的社交冲突,抑或不断进入邮箱的工作邮件。我们始终保持"在线",把所有闲暇时间用来查看手机,这让我们的大脑更加嘈杂。当潜在威胁出现时,我们的大脑可能早已处于被威胁状态了。

读《效率脑科学》这本书,读到这个部分时,我产生了"原来如此"的感觉。

"重新评估"是一个很有效的方法,能让你在情绪调节方面受益匪浅。因为从根本上来说,我们的情绪反应源自我们对于世界的诠释或评估,并且我们有能力改变这些评估。

我们可以对这个部分进行提炼:

【提炼】重新评估,是调节情绪的撒手锏。

第3步是解释:结合书中的案例和自身的经验,对提炼的观点进行解释。

为了使表达更清楚明白,更有吸引力,我们可以分两个环节进行叙述。

第1个环节是打破认知,就是先列举一个俗知俗见,然后用书中观点反驳,有点像抬杠,整个逻辑是:你以为是……其实是……

【解释】大脑渴望确定感,对未来的失控,会让人产生焦虑、慌张的负面情绪。面对负面情绪,很多人习惯压抑,习惯"打落牙齿和血吞"。在作者看来,这种应对策略是低效的,调节情绪的真正撒手锏是重新评估,从新的角度看待一件事。

先举出人们对于负面情绪的日常认知和应对策略，再用作者的观点进行反驳。

第2个环节是举例分析，就是举一个书中的案例，或者从自身经历出发，对提炼的观点进行分析。我举的是书中的一个例子：

埃米莉升职了，工作从执行变成了组织，她想发起一场关于可持续发展的会议，却遇到了不少阻力。

一方面，商业世界是否接受这个想法，收费多少，谁来发言和执行，都是未知；另一方面，这个方案也受到了同事的质疑。这些阻力使她万分焦虑，该怎么化解呢？她没有压抑自己，也没有和同事争论，而是采用重新评估法，重新看待这些阻力。

她意识到，自己之所以感到焦虑，是因为要把会议理念推销给同事，为什么不换个视角，把同事当作合作者，向他们寻求帮助，请他们帮忙查漏补缺呢？一念境转，方案很快获得了通过，快速推进。

第4步是启发： 从该观点出发，进行思维发散。要么联系到别的观点，产生新思考；要么联系实际生活，产生具体的行动建议。

杰罗姆·布鲁纳是世界著名的教育心理学家，他说："精神生活中最独特的事情，就是人们会不断地超越所给信息。"这就是我们常说的启发。

把内容扫描了一遍，只是读完了一本书；要想真正读懂一本书，并不容易。一个很重要的标志是，你能不能结合书中知识，产生自己对于生活和工作的新见解、新体会，这也是读书的真正价值所在。

你看，我举例分析如何面对使我们焦虑的事情。这就是我的启发，不只是增加了新知，还要用知识去指导行动，拿到结果。

面对使我们产生负面情绪的事情，我们一方面要着手解决；另一方面，也要学会用新的视角来评估。比如，一个项目没有成功，不要沮丧，认真反思和复盘一下，把失败变成宝贵的经验，这才是最重要的。

虽然一开始写启发部分的时候会比较痛苦，觉得没什么可说的，等到写多了，你就能体会到思考的快乐了。

掌握了"卡片阅读法"，就像是给阅读穿上了一双魔法鞋。一张"原来如此"卡片，一步步带你走进神奇的世界。希望知识的种子，在家庭的每一个角落生根发芽。

书海淬炼：
一位母亲的阅读救赎与传承之路

陈鸣珂

鸣人汇读播创始人
自媒体新晋读书博主
高级家庭教育指导师
有 600 小时以上家庭育儿咨询服务经验

1995年春天,我10岁,蹲在村口的青石板上搓洗全家人的衣物。母亲的声音从背后传来:"洗完赶紧晾,明早还要下地。"

刚洗了一半,我的同桌突然跑过来,一把拽住我往村外的油菜田跑去。

那里站着四个人,为首的是我同桌的表姐。她们把我围在中央,脸上带着不怀好意的邪笑。表姐冷笑道:"怎么?你在学校不是很牛吗?今天看老师怎么护你!"

奇怪的是,我的内心却异常平静,耳边竟响起语文课上老师让我讲的《成语故事集》里兔子的故事——遇到危险,逃为上策。

我转向同桌,淡定地说:"语文卷子我写完了,你要抄吗?"趁她们愣神,我猛地撞开同桌,撒腿就跑,边跑边喊:"老师!我在这儿!"身后传来她们的咒骂声,但我成功逃脱了。

30年过去了,当我把这个故事讲给女儿听,她眨着眼睛问我:"妈妈当时真的不怕吗?"我回想起老师送我的那本《成语故事集》,借扉页上老师写的一句话回答:"读书人,有铠甲。"

我想,这是阅读给我的第一件隐形战衣。

01 钢铁锻造:青春岁月的阅读突围

阅读,是我成长路上的灯塔,照亮了我从青涩到成熟的每一步。

1997年秋天，我12岁，每周背着米袋往返于乡镇中学和黄土屋之间。生活拮据，10元的生活费要分成车费和一周的伙食费。

当同学们都在讨论《当代歌坛》杂志上的歌手时，我只能坐在食堂的角落，就着咸菜扒饭，羡慕前排同学手里的《读者》。我鼓起勇气向他借阅，他却生气地抱怨说上次借给我的《青年文摘》上沾了菜汤。

我脸红，却仍渴望借阅。那些省下的早饭钱，换来了笔记本上抄写得密密麻麻的三毛《撒哈拉的故事》、席慕蓉《七里香》里的文字。它们像一束光，照亮了我灰暗的青春岁月。

某个周末，堂哥从他的宝贝木箱里取出一本卷边的《钢铁是怎样炼成的》，说："保尔·柯察金会告诉你，什么叫真正的钢铁。"

我连夜用挂历纸包好书皮，躲在被窝里打手电阅读。当读到保尔在寒冬修筑铁路时，我摸着自己冻僵的脚趾，第一次懂得了"淬炼"的含义。

然而，第三周回到家后，我发现床头的书不翼而飞。弟弟支支吾吾地告诉我："妈妈拿走了。她说，看这种闲书怎么能考大学呢？"

多年后，我读《偷书贼》时，突然泪如雨下。原来妈妈只是在她的认知里，给了我力所能及的爱。她真心希望我能通过读书改变命运，考上大学，走出这个小村庄。那一刻，我才真正放下了心中多年的芥蒂。

2003年9月，我一个人拖着沉重的编织袋走进大学校园。图书馆的玻璃幕墙映出我渺小的身影，而我的内心却如同大海般汹涌澎湃。

很快，同学们发现，我除了上课，就像个隐形人。那个宿舍里总缺席的我，永远窝在图书馆的南区里。

读《红楼梦》，我为黛玉焚稿哭湿了整包纸巾；读海德格尔的《存在与时间》，我头痛欲裂时，就用冷水拍脸；当流言说我"装清高"时，《傲慢与偏见》里的伊丽莎白在书页间对我眨眼："偏见让你成为我。"

我沉迷于书海，因为我深知自己的不足和对未来的恐惧。我无人可依，一切只能靠自己。

大二那年，我在全市的大学生演讲比赛中荣获一等奖，收到了一张无名的纸条："你像《飘》里的斯嘉丽——打不垮的野蔷薇。"这份肯定，让我有勇气在同年暑假争取到了在一家省级报社实习的机会。

大三返校时，我的剪报本已贴满百余篇报道，获得了老师的认可和表扬。原来，那些在图书馆啃面包的日夜，早已把铅字熬成了骨头里的钙。

02 亲子共读：育儿路上的双向治愈

在我们村庄，女孩的命运似乎早已被预设好——大学毕业前就会被各种催婚。

眼看着同龄人纷纷步入婚姻，我却固执地与家族抗争，把所有的心力都投入工作中。我不仅是为了承担弟弟妹妹大学期间的所有费用，更为了守护那颗不甘被束缚的心。

29岁那年，命运的转机悄然而至。他带着温暖的笑容走进我的生活，用无声的陪伴融化了我那颗冰冷又孤独的心。两年后，我们终于步入婚姻殿堂，开启了"北漂之旅"。

然而，南北气候的巨大差异，加上高强度的工作压力，很快击垮了我的身体——严重的肠胃炎和肩周炎接踵而至，外加各方催孕的压力，让我一度陷入黑暗的深渊。

33岁那年，我如愿怀上了宝宝。强烈的孕吐和消失的味觉折磨了我整整5个月。无数个失眠的夜晚，我只能在脑海里翻阅读过的书，隔着肚皮给宝宝讲故事。

每当这时，宝宝总会用脚丫轻轻顶住肚皮回应我，这种神奇的联结感，帮我熬过了难产的痛苦，最终迎来了生命中最珍贵的礼物。

我沉浸在宝宝带来的喜悦中，但内心的不安全感依然如影随形。孩子3个月大时，我带着尚未康健的身体重新回到了职场。

那时，公司正好开启一个全新的项目，一切都要从零开始。我第一次真切地感受到"一孕傻三年""力不从心"的无助。

幸运的是，我遇到了一位宽容的老板。他不仅给了我足够的自由空间去尝试，还经常安慰我不要着急，慢慢来。正是在他的支持和包容下，我逐渐找到了节奏，坚持了下来。

然而，那颗急于证明自己的心，始终让我背负着重担。

深夜的房间里，我忍受着乳腺炎的折磨，却坚持给女儿读《猜猜我有多爱你》。当说到"我爱你一直到月亮那里"时，孩子突然用小手轻拍我挂着泪痕的脸——那一瞬间，我忽然理解了双向治愈的真谛。

卧床养病的日子里，我们创造了"地毯图书馆"。每天清晨，女儿会摇摇晃晃地抱着绘本走来，用稚嫩的声音宣布："妈妈，读书时间到！"那些被病痛偷走的岁月，反而成了我们母女俩的阅读时光。

当她把《逃家小兔》的结局背得一字不差时，我意识到文字已经在她心里生根发芽了。

薪火相传：当受益者成为点灯人

就这样苦苦支撑了两年，工作和育儿的双重压力，终于击垮了我的免疫系统。先是皮肤大面积溃烂，接着双腿突然失去知觉……

经过无数次的挣扎，我最终做出了退出职场的决定。谁承想，这一退就是5年。

这5年，我成了"全职宝妈"，可日子比职场还要难熬。在人生的至暗时刻，依然是阅读拯救了我。通过大量研读心理学和家庭教育类书籍，我不仅走出了焦虑的心境，还顺利考取了高级家庭教育指导师证书。

当第一个咨询者说"您说得真准"时，窗台上那盆枯萎的绿萝突然抽出了新芽。"当我们成为别人的灯塔时，自己的路也会被照亮。"

随着咨询案例的增加，我逐渐意识到，很多家庭的教育问题其实源于父母缺乏觉察力。而阅读，正是提升这种能力的最佳途径。

怀着这种信念，我决定加入弘丹老师的写作圈，希望通过文字影响更多父母。

命运的齿轮继续转动。我又遇到了一位自己非常喜欢的读书博主尚君老师。在她的身上，我看到了自己想要成为的另一种模样——通过直播讲书的方式，帮助更多人找到更好的自己。

在尚君老师的引荐下，闭关5年的我，勇敢地走出家门，站在了2025年"文化长城，书香传承"全国讲书人大赛的舞台上。

当聚光灯打在我身上的时候，我看着台下那些渴望被文字照亮的面孔，忽然明白：阅读从来不是独善其身的修行。

最终，2号出场的我，以0.2分之差获得第二名，这个成绩为我打开了与多家知名出版社合作的大门。同时，还有很多企业联系上我，邀请我成为他们的讲师，帮忙做企业培训等。

最让我惊喜的是，我以"鸣珂"之名，创立了鸣人汇读播俱乐部。这个小小的举动如同投入湖面的石子，激起了层层涟漪，吸引了众多热爱阅读、渴望在书海里蜕变的伙伴们。

每天，我在社群里看到他们热烈地分享阅读心得、讲述成长故事时，我的内心总是被深深地触动。这些力量慢慢回流到我心中，让我更加坚定地在这条推广阅读的道路上继续前行。

更让我感到幸福的是,阅读不仅照亮了我的人生,也给我的女儿带来了无尽的益处。她从小沉浸在书籍的海洋里,那些生动的故事,如同雨露般滋养着她的心灵。

6岁的她,会指着"狡兔三窟"的插图说:"妈妈,这就是你小时候差点被欺负时用的计谋对不对?"我们相视一笑,在书香弥漫的房间里,完成了一场跨越30年的精神击掌。

现在,看着她一天天长大,我深知,阅读不仅是我和她的精神食粮,更是我们共同成长的基石,是我们母女之间最美好的纽带。

回望这段40年的跌宕起伏的旅程,那些曾经让我夜不能寐的困境——社交危机、经济拮据、职场压力、健康危机,最终都在阅读中找到了答案。

站在人生的中场,我再次深刻地领悟到:阅读从来不是逃避现实的盾牌,而是照亮前路的火炬。当我们把这份光传递给下一代时,就会惊讶地发现:那些曾经滋养过我们的文字,正在孩子们眼中焕发出新的光芒。文字,是陪伴孩子一生最好的盔甲。

阅读锻造生命，写作镌刻时光

许倩媛

从教十余年，专注广州中小学语文教育
擅长阅读写作教学，累计带过 1000 余名学生
全国冰心文学大赛优秀辅导老师
樊登撰稿人
二孩妈妈

1992年冬天,我出生于汕头一个小村落。我们村背倚着小沙丘般的山,枕着一泓韩江水,大片的农田环绕着。

童年时,父母的陪伴挺少的,他们要为生计奔波。家中几乎没有课外书,唯一的读物便是语文书了,于是,我将语文书上的一篇篇文章读了又读、背了又背,不时仿着名家的笔触来写作文,好几篇都被老师当成范文当众宣读。那一刻,一颗"文学"的种子便悄然在心中生了根,萌了芽。

小学到高中,我当了9年语文课代表,大学读的是文学院师范专业,大四实习开始从事语文教学,带领过1000余名学员学习阅读和写作。我始终相信:教育是生命影响生命,一朵云推动另一朵云。我喜欢给孩子们送书,喜欢和孩子们畅聊《狼王梦》《俗世奇人》《骆驼祥子》里的精彩章节,喜欢5岁半儿子每晚坐在我的膝上读书时的呢喃,喜欢用文字记录生活、镌刻时光。

当您阅读此篇文章时,我们已然开启了一场关于阅读和写作的心灵共振。

01 从流水线到讲台
——阅读重塑我的人生轨迹

呼哧呼哧的风扇声,笃笃作响的机器声响个不停,眼前的传送带像河流般奔流不息。这是我读初一时打暑假工的情景。那时,爸妈供我们三姐弟读书甚是辛苦,所以我们便去打工以添补家用。流水线工作艰辛又乏味,每天坐3个班,工作10—12个小时。打那时起,我便告诫自己:"一定要好好读书,去见更广阔的天地!"

初二那年,学校要求读名著,爸爸便在小镇上七弯八绕,帮我买了本《水浒传》。我如获至宝,信手翻到"人血馒头"的章节,吓得赶紧摔书而去。可终究耐不住好奇:这本书这么恐怖,为啥是名著呢?于是,我又壮着胆子翻看起来。读到第三回《鲁提辖拳打镇关西》中"扑的只一拳,正打在鼻子上,打得鲜血迸流,鼻子歪在半边,却便似开了个油酱铺:咸的、酸的、辣的,一起冒了出来。""又是一拳打在太阳穴上。这次就像开了个乐器铺,锣鼓铙钹一齐响。"我开始入了迷,第一次窥探到了文学世界里的色彩斑斓,感受到了名著的魅力。

高二文理分班时,一向擅长文科的我却固执选了理科,结果可想而知,被数理化虐得体无完肤,无数次想要放弃。烦闷时,我便看三毛、七堇年的书,抑或捧读《纳兰词》《人间词话》,誊抄起那一句句直击心灵的文字。"昨夜西风凋碧树,独上高楼,望尽天涯路。此第一境也。""要有最朴素的生活和最遥远的梦想,即使明日天寒地冻,路远马亡。"阅读,带我穿越了失意与怅然,度过"兵荒马乱"的高中生活。

大学填报志愿时,我顺从本心选报了文学院,开始系统接触现当代汉语、现当代文学及西方文学,凭借优异的成绩,荣获"国家励志奖学金""优秀毕业生"等,累计拿到2万多奖学金,大二开始实现经济独立。阅读,给了我生活的底气,丰满了我的羽翼。

2019年,怀孕3个月的我,因受不了机构烦琐的工作及漫长的通勤时间,毅然辞了职。离职后的焦虑迷茫,孕期的抑郁不安,让我如折了翼的鸟儿,茫然无措。于是,我开始大量阅读个人成长与家庭教育类的书籍,在知乎上尝试创作,给平台投稿。一年时间,我成了万粉的知乎母婴领域创作者和樊登撰稿人。2021年1月,儿子满1岁,我复出工作,从3个学员开始,把工作室做了起来。阅读,让我学会积蓄力量,拥有重新出发的勇气。

我始终相信,教育是影响生命的杠杆,阅读更是。作为一名语文老师和二胎妈妈,除了希望孩子们健康成长之外,我更希望在他们小小的心灵中能植入一颗"幸福"的种子,拥有终身阅读、终身学习的能力。

02 书香润童年，悦读伴成长
——诱导孩子们爱上阅读

每天回到家，最幸福的事便是在家中一隅，打开一本书，让贝贝坐在我的腿上，一起读书。有时回到家已经22点了，他居然还没睡，气嘟嘟地说："哼，你还没给我读书呢！"哎，真是既开心又无奈，亲子共读对于职场妈妈而言，是一种幸福的羁绊吧！

儿子6个月时，我开始给他读绘本，可好动的他压根不感兴趣，经常撕书，翻几页就跑没影了。等到1岁才开始坐得住，可以专注几分钟。3岁后，我们读了好多故事类书籍，像《小鸡球球成长绘本》《古丽和古拉》《妈妈买绿豆》《蚂蚁和西瓜》《月亮你好吗》《屁屁侦探》等，真的百读不厌。

4岁后发现他喜欢科普类的书，我们便开始读《知乎版十万个为什么》《水先生》。后来他又迷上了《不一样的卡梅拉》，这套书在他3岁半时就买了，可他兴趣寥寥，我也不着急，将它放在书柜的显眼处，每隔一段时间就拿其中一本书出来试探一下。

"哇，封面上小鸡们拿着木枝是要干什么呢？"他不为所动。

我又翻开第一页，惊呼道："啊！怎么这几只羊光着屁股呢！"

"在哪里在哪里？我要看！"儿子立刻凑过来，接下来的一周都追着我读《我要救出贝里奥》。

这一招"悬念诱导法"同样适用于课堂。一次四年级名著阅读课上，小熙抱怨《狼王梦》字多图少，不想看时，我笑而不语，翻开第一章《绝境分娩》轻声诵读起来。

"母狼紫岚挺着大肚子去偷羊，能成功吗？"

"和大白狗搏斗时要分娩了，紫岚会不会有危险？"

"四只小狼崽嗷嗷待哺，紫岚饿得分泌不出乳汁，它此时想到的唯一办法便是——忍痛吃掉死去的那只狼崽，残忍吗？"

一次次诱导下，她一下子就被跌宕起伏的故事吸引住了。下课后便将书借回家，反复读了六七遍，还制作了张思维导图。

阅读并不只局限于纸质载体，看电影、看纪录片，在万里路上读世界、望九天银河，亦是读书。只要孩子感兴趣，万物皆可读。如果说教育是点燃火焰，那么阅读就是最好的火种。也许，每天15分钟的共读时光，对岁月而言不算什么，但我相信，这十几分钟，会为孩子积攒成长的力量。我期待与更多家庭相伴，让书香成为孩子们童年中最温暖的底色。

03 与孩子共读共书
——在阅读中发现写作的魔力

我一直坚信，多读多写，是学好语文的不二法门。从绘本故事到名著经典，如果我们只是一味地读，却不输出半点笔墨，效果肯定是会大打折扣的。

一次二年级的绘本创作课上，我和孩子们一起共读《蚂蚁和西瓜》这本细节丰富的绘本，单纯的阅读已经不能满足他们的创作热情。原本我只期待他们能写出两三百字的小练笔，谁知娃们写上瘾了，竟主动要求拖堂一小时。更让人惊喜的是，之前写300字作文就"叫苦连连"的小屁孩，这次竟文思如泉涌，洋洋洒洒创作出500多字的精彩故事！

看着他们那专注的模样——食指都被铅笔磨出红印了，却依然兴奋地掰着手指数着自己写了多少字，我欣慰地笑了。那一刻，我知道一颗"写作"的种子正在他们小小的心灵里萌发出新芽，那么稚嫩，那么鲜活。

写作是从阅读土壤中开出的花朵，阅读与写作从来不是割裂的两件事，而是同一片花园里相互依存的植物，根须在地下隐秘相连，花朵在地上彼此辉映。

还记得那个三伏天，我和初一学员沉浸在《世说新语》的文字世界里，当我问出"白雪纷纷何所似"时，孩子们诗兴大发。就像曾同学脱口而出的"撒糖空中差可拟"，分明带着魏晋文人那种即兴发挥的洒脱；甘同学的"未若白蝶当空舞"则延续了谢道韫以柳絮喻雪的联想方式。这些看似信手拈来的比喻，实则源于对经典文本的消化吸收。

当小嘉说出"鹅毛纷飞差可拟"，小嫣对出"未若棉花飘故里"时，他们已经不是在简单模仿，而是在经典的基础上绽放自己的想象。这种从输入到输出的转化过程,让阅读不再是被动的接受,而是主动创造的过程。我观察到,当孩子们尝试用自己的语言表达时,眼睛会突然亮起来——那是思维的火花被点燃的瞬间。

师生共读共写的意义,在于创造了一个平等对话的场域。当我说出"未若梨花蹁跹舞"时,不是作为标准答案,而是作为对话的延续。在这个场域里,教师的角色不是评判者,而是参与者;不是知识的垄断者,而是和学生共同探索的伙伴。"挥落细冰差可拟"的集体创作,让语文学习变成了鲜活的生命体验。

在阅读中发现写作的魔力,其实就是在文字的花园里相遇——与经典相遇,与彼此相遇,也与更好的自己相遇。当语文教学回归到这种本真的对话状态时,学习就成了一场永不停歇的思维盛宴,每个参与者都能在其中找到属于自己的声音。

作为家长,我们也可以和孩子们一起共读共写,写什么呢?《我的爸爸》《我的妈妈》《我的外婆》《我的外公》《我的萌宠》《我的乐园》《我的玩具》《一次旅游》《一次趣事》……生活中的每个美好的瞬间,都值得被记录。我们也可以带着孩子一起来写信,写小诗,书写我们的人生。

我一直相信,文字是有温度的,有力量。如果你读完这篇文章后,能收获阅读与写作的信心,那是我之所幸。未来,我会继续在语文教育路上砥砺前行,陪伴更多的父母、孩子一起共读共书,镌刻时光与爱。

育儿先育己的本质，
一场双向奔赴的生命觉醒

青栀

医师转教师
高级家庭教育指导师
高级绘本阅读指导师
高级心理咨询师

吉姆·崔利斯在《朗读手册》的绪论开篇引用了史斯克兰·吉利兰的一首短诗《阅读的妈妈》："你或许拥有无限的财富，一箱箱的珠宝与一柜柜的黄金，但你永远不会比我富有——我有一位读书给我听的妈妈。"

好开心，现在的家长，越来越重视孩子的教育，越来越多的家长、监护人认识到了阅读的重要性，全民阅读的时代已来。

好书如好友，相伴到永久。或许我们不能陪孩子一百年，但是留下的精神财富可以，甚至陪伴更长久。亲子阅读，是快乐育儿更是高质育己，共同成长，彼此照亮。

01 当30年的优质书虫当了妈妈

了解我的朋友都知道，出门不带手机也要带一本自己喜欢的书，与其说它是一本书，不如说是自己的一位老友。从小爸爸妈妈上班忙，我跟着爱读书的退休老教师的爷爷，抱起来厚重的书籍，自己不知什么时候也爱上了读书。

开心的时候，难过的时候，害怕的时候，迷茫的时候，都有不同的书籍陪伴我，给我温暖，给我力量，给我方向。真的很感谢爷爷，虽然爷爷走了好多年了，但是从来没觉得他不在了。尤其每次遇到困惑的时候，都会觉得他在我看不到的地方给我推荐适合的优质书籍，助我茅塞顿开，甚至遇到同频的贵人。

所以见识过阅读带给自己的好运后，当得知自己要当妈妈的那一刻，决定——陪孩子终身阅读。说开始就开始，月份太小的时候，自己各种学习，去准备。当然阅读也可以不限于书籍，著名儿童文学作家曹文芳老师曾说过："大自然是最美的一本书，它孕育了我们，孕育了生灵万物。希望我们的家长能带着孩子一起走进大自然，用眼睛，用心灵静静地去欣赏，去感受自然的美，去阅读自然，才会在文章里描写自然风景，这样，文章才有了美感，才有了意境。"

终于等到胎儿16周啦，我迫不及待地拿起自己用心挑选的有趣的绘本，绘声绘色（为此还特地学习了百变发音的课程）讲给小生命听，也是那个时候，我感受到了胎动，哇，太神奇了！宝宝听完妈妈讲的故事，是在开心地互动吗？我想一定是的。接收到宝宝开心的信号，作为孕妈妈的我更有能量了，不仅仅局限绘本故事，甚至自己看过的一本书，一部电影，一朵美丽的花儿，一只可爱的小动物，自己挑战成功的一个小成就，一次小美好，都会分享给肚子中的宝宝，乐此不疲，就像现在已经上幼儿园的娃与我分享一样。

如果你的宝宝已经出生，已经长大，也不要无效比较，更无需焦虑，毕竟每个孩子都是独一无二的稀世珍宝。陪孩子阅读，什么时候都不晚，只要有心就能看见，只要有爱你的孩子也能感受到，尊重孩子，不要强迫，毕竟陪孩子阅读前提是让孩子快乐。

02 阅读，助我更了解自己

初当妈妈时，生活的碎片化常让人陷入"我是谁"的迷失。尿布、辅食、生活的琐事填满日常，但哄睡完孩子以后，深夜翻开一本书，文字便成了照见内心的镜子。读到作者写下的那句话——孩子的出生不仅将女人变成了母亲，也成了她与自由之间的一堵墙。我瞬间泪流满面，原来那份撕心裂肺感并不是其他人嘴里的矫情，而是千千万初为人母的集体困境。

优质的书籍就像一位智者轻声提醒：育儿中的每一次崩溃，都是重新认识自己的契机。那些曾被社会规训压抑的愤怒，被"为母则刚"掩盖的脆弱，终于在阅读中被允许存在。当开始用文字丈量内心沟壑，我不再只是谁的妈妈，而是一个重新生长的完整的人。

社会总喜欢给母亲贴上"无私奉献""温柔全能"的标签，阅读能让我们听见不同的声音，那些温暖治愈有力量的文字就像一把打破偏见的锤子，重重地敲碎完美母亲的玻璃罩，才敢承认：偶尔厌恶母亲的角色并不可耻。阅读教会我们区分"社会期待的母亲"和"真实的自己"，在两者之间搭建桥梁，重构生命坐标系。

当妈后哪有不抓狂的时刻呢？除非是装的，弗洛伊德曾说过：未被表达的情绪永远不会消失，它们只是被活埋了，有朝一日会以更丑陋的方式爆发出来。一个习惯性压抑情绪的妈妈，即使每天强颜欢笑地对孩子说"我很好"，孩子仍会从她紧绷的肩膀和回避的眼神中读取到焦虑的信号，从而形成"快乐需要伪装"的认知。

社会总喜欢歌颂妈妈的坚韧，却忽视了"脆弱"的珍贵。当妈妈敢于对孩子说"妈妈今天很生气，但与你无关""妈妈也不太明白，我们一起查资料"，这种真实的破碎感教会了孩子如何与不完美共存。唯有展现真实自我，才能建立深度链接。

孩子不需要永远快乐的妈妈，需要的是会哭会笑，敢怒敢爱的真实的妈妈。当妈妈们学会停止用"伟大""超人""完美"来绑架自己，育儿便不再是沉重的枷锁。妈妈疗愈自己的同时，也给予了孩子珍贵的财富———一颗能感知痛苦但依然选择快乐的心，一个敢于面对破碎却始终完整的灵魂。

人生是一场修行，当妈妈也同样是：发脾气了，就发脾气了，凶了孩子，就凶了，毕竟妈妈也是人，情绪平稳了以后记得去抱抱弱小的宝宝，不想说对不起也没关系，不要太自责，也不要去评判自己，挑选一本和孩子都喜欢的绘本，一起享受美好的亲子阅读时光吧。当然，如果爸爸能加入亲子阅读的话就更好啦。同时，也要注意阅读时长，保护视力哦。

趁时光刚好，和孩子一起阅读吧，治愈疲惫心灵，温暖成长岁月，更爱这人世间，更温柔地拥抱这多彩的世界，让我们活出自己，真实且快乐。书页翻动的时候，总有新的自己在字里行间诞生，这大概就是为人父母最隐秘的浪漫：用阅读对抗琐碎，让灵魂始终自由。

03 育儿先育己，正知再正行

父母是孩子的镜子，育儿先育己的本质是自我觉醒。与其说教，不如捧起书卷，突破认知局限，用行动诠释终身阅读的力量。当父母成为成长的践行者，孩子的眼里便有了光——教育从来不是单行道，而是两代人相互照亮的星辰大海。

父母常以为教育是"塑造孩子"，却忽视了"重塑自己"才是关键。心理学中的"镜像神经元"理论早已揭示：孩子的大脑如同一面镜子，无意识地模仿父母的言行、情绪和价值观。比如焦虑的妈妈会在孩子写作业的时候传递紧绷感，沉迷于手机的爸爸会在孩子的心里植入"虚拟世界比现实世界重要"的思想。

真正的教育始于父母的自我觉察：当我们要求孩子别乱发脾气的时候，自己是否先管理好了自己的情绪呢？当我们期待孩子热爱阅读，享受阅读的时候，自己是否放下了手机捧起了书呢？

许多父母的养育困境，大都是自己未曾疗愈的童年创伤。幸运的人一生被童年治愈，不幸的人一生治愈童年。若一位新手爸爸从小被严厉管教，他可能也会用同样的控制欲来对待自己的孩子，若一位新手妈妈自幼缺乏安全感，也可能会通过过度保护自己的孩子来补偿。育儿先育己，这是一场与家族代际模式的对话，即看见原生家庭的烙印，选择终止伤害的传递，用新的认知重建亲子关系。阅读，提升认知最有效最直接的方法之一，亲子阅读更推荐哦。

在此特别想与同频的你分享一下阅读的乐趣，借用书里面的一段话：如果你没有这种经验，那么让我告诉你，对某些人（例如我）来说，阅读一本好书，让自己沉浸在文字与思想的趣味中，是种无与伦比的幸福。快快去体验吧。

育儿先育己，并不是苛求父母追求完美，而是邀请我们以"成长型心态"勇敢地拥抱不完美。当父母敢于承认"我也不知道，但我们可以一起学"的那一刻，相信我，教育的奇迹就会发生——孩子们从这样真实的父母身上看到的，不是僵化刻板的答案，而是永不停息的生命力。这或许才是最好的家风：两代人互为灯塔，在探索世界的航程中，照亮彼此的前路。

陪孩子终身阅读，此刻，现在，刚刚好。

▶▶ 陪孩子终身阅读

曾玉婷

高级儿童阅读指导师
北京大学阅读课领读者计划结业学员
《行动的勇气》联合作者

一个热爱创造空间安放独立灵魂的人，她清澈的眼眸中闪烁着积极向上的阅读光芒，这样的人是最难被任何负能量所打败的人。

01 阅读，可以疗愈伤痛

在不读书的岁月里，生命是黯淡无光的。那些痛苦的挣扎，人的偏见、无知、愚昧、狭隘，在很长一段时间充斥在我的生命中，带给我无尽的负能量。我至今都不知道我是靠着怎样顽强的意志与信念挺过了那段煎熬、令我歇斯底里的黑暗时光。而阅读，是这段重生路上最美好的风景。

2024年，我积极参与北京大学的阅读课领读者计划，专注培养阅读素养。顺利获得结业证书后，我深刻明白阅读是非常自由的，这让我进一步拓宽了自己的视野。未知的领域太精彩，激起了我的探索欲，我开始跟随四川的文学大师团队深入学习阅读。我在这里呼吸到了久违的自由的气息，欣赏到了专业老师上的一堂堂优秀的阅读教学公开课，听了一位又一位教授的阅读讲座，看到了四川省其中一所年轻的学校如何用心布置充满书香氛围的图书馆，感受到了这里闪闪发光的舞台上参与表演的孩子们的从容自信……这是我以往从未有过的经历。

在这片清净自在的阅读天地里，我结识了一批与我一样热爱阅读的同频之人，我们常在一起分享阅读心得，并且我还担任过线上阅读主持人，亲自主持了一场阅读主题分享会。在阅读中级技能考试中，我阅读了国外儿童文学作家创作的童书后有所启发，亲手递交了一份由我自己设计的阅读教学课例，得到了教授评委们的一致好评与认可。我也因此顺利成为阅读高级技能学员。

从生命黯然无光到拥有重生的希望，是阅读疗愈了我的伤痛，带给我满满的正能量，引领我不断向前。阅读也教会了我如何更好地聆听自己的心声，如何与自我和解、与自我对话。如今每当我做出选择，我都能理解自己的不容易。

02 与书为伴，为生命高歌

阅读，蕴含的是一种精神希望，一种我们可以为生命高歌的希望；一种即便我们不懂音乐，也依然可以勇敢发声的希望；一种即便我们摔倒过、失败过、哭泣过，也依然有勇气从头活出自我的希望。在没有人给你加油打气的时候，在有人让你难堪、感到羞辱的时候，我们依然可以从中外不朽的文学作品中重新燃起点点星光的希望。

2024年我受到邀请，在深圳的儿童图书馆举办了三场公益阅读分享活动，为受邀来到儿童图书馆的亲子家庭讲授阅读故事。孩子们都非常可爱，大多是幼儿阶段的小朋友，基本上都是妈妈陪着过来，偶尔也能看到有个别爸爸带娃过来参加活动。我的讲授形式与上课时是完全不一样的。孩子们都很小，所以要确定好讲哪类书。我选择的是绘本，在讲述绘本的过程中，我精心设计了与孩子们的互动环节，陪孩子们画下他们心中理想的花园，孩子们"玩"得非常开心。还有一场公益阅读活动，我刚好讲的是《会说话的手》。那一天负责准备道具的老师问我准备怎么讲，我突然灵机一动，脑海中浮现出了我上个月才在四川观看的一出精彩的手影戏的画面，于是那一场活动我准备了不少动物道具，再配合灯光效果，在讲述完这本书后跟孩子们玩起了手影戏。结果有不少宝妈也加入进来与孩子们一起玩。我深刻意识到，我不只是在讲一本书，还弘扬了中华优秀传统文化——手影戏。

除了在儿童图书馆举办公益阅读分享活动，在我的工作领域，我还需要给小朋友们上阅读写作专项课。由于我面对的学生群体比较多元，在教学的过程中我必须掌握三种完全不同的语言。而在讲解阅读课文的时候，对于不同的学生，要用不同的语言讲授。我们需要尽可能让学生明白语言的不同不应成为内心交流的阻碍。

2024年，我参与创作了一本畅销书合集《行动的勇气》。这本书获得了不少人的赞许与认可。通过这本书，我认识了真正喜爱我的小读者。我还接受了志同道合的教育界热心人士的视频访谈邀约。因阅读，得自由，是对这本书最好的诠释。

阅读，为我的生命注入了鲜活的力量，与书相伴的每一天，都是那么美好。

03 懂阅读比爱阅读更重要

一本真正让人受益匪浅的书，在懂的人面前，它是真正有价值的；在不懂的人面前，也只是暴殄天物而已。所以我们常说，强扭的瓜不甜。我看的书与你看的书不一定一样，正所谓萝卜青菜，各有所爱。

我读的书的种类非常多，并没有特意进行限制。阅读最大的好处就是给了我选择的自由空间。但是世界上的书太多了，看也看不完。这就如同一条深蓝色的鱼一跃进了大海，溅起水花后立刻消失不见。你不知道如何寻找它，也不知去何处寻找它。如果你能有几本百读不厌、自己非常认可的书，那已经是非常幸福的一件事。我最开始阅读的时候读的都是别人翻译的作品，虽然这样的书也很不错，但总觉得少了点味道。直到我开始读原著，才真正体会到书与生俱来的韵味。

我自己的家里也有美国的原版书，那是我丈夫的心脏医学类专业书，是他爷爷托人从美国带回来的。那种第一手资料带给我的震撼是不能用言语来描述的。就好像作者在你面前跟你聊天，聊他的得意之作一样。这本心脏医学专业书很厚，是全英文，并且还有不少医学专业术语，要读完真的是太不容易了，但我丈夫读得懂这本书，认为这本书有非常宝贵的价值。

我也有我自己的原版书。我丈夫去日本旅游期间，特意在日本给我买了一本日文版的漫画书。因为我没有学过日文，只会说几句简单的日语,所以阅读这本书是非常困难的。但是这本书设计得十分精致,纸张的用料、图文的排版方式以及漫画书中温暖人心的故事,我都特别喜欢。我也只能借助翻译软件等慢慢地阅读。

从阅读翻译作品到慢慢开始搜集、阅读原版书,对于一个出版过自己作品的人来说,似乎显得不够过瘾。于是我开始尝试创作英文绘本。当然,这一切还是离不开AI。我把AI与阅读相结合,文本是我自己创作的,再加上AI的技术支持,一篇生动、颇具趣味性的英文小故事就圆满地呈现在我眼前了。之后我将其发表在我的社交平台上,一共发表了两篇英文小故事,这是我的试水之作。

读万卷书,也要行万里路,身体与灵魂都要在路上。书可以给我们打开辽阔的视野,但是无法给我们带来自己亲身的感知。书中的每一处美好的风景、每一口香甜可口的美食、每一个动人的场面……只有我们去亲历,才能与作者产生高度的共鸣。我一直觉得不是只有端坐在书桌前才叫阅读,旅游甚至旅居也是一种阅读,只是你阅读的是世界。在旅游的过程中,你可以欣赏车窗外的风景,可以感受太阳西沉时的奇妙感觉……这个时候,你可能会忆起自己曾经读过的某一本书,那书中的文字,与你当下的经历特别契合。

我自己的阅读地图所设计规划的站点,我相信是永无止境的,只是我刚好停留在了写书这一站,来给喜爱我的小读者们展示我自己的阅读空间。我与阅读结下了奇妙的缘分,在今后的无数个日日夜夜中,我都将继续陪伴在我深爱的阅读书籍之中,去创造更丰富也更传奇的人生经历。

真正的家风，是让书架上长出三代人的年轮

莱雪

"80后"二孩职场宝妈
《写作重塑人生》《陪孩子终身学习》联合作者

清明时节，细雨如丝，书房里弥漫着淡淡的墨香。我坐在窗前，目光穿过朦胧的雨帘，落在那些静静伫立的书脊上。它们早已不是简单的纸张与油墨的组合，而是一条流淌在家族血脉中的精神长河，低声吟诵着过往的故事，将我的思绪拉进六十年的阅读记忆长河。从父亲讲述的民间传说，到我和妹妹如饥似渴的阅读岁月，再到如今女儿们对书籍的珍视与热爱，阅读如同一根无形的丝线，将几代人的心灵紧密相连。它既是个人成长的阶梯，也是家族文化的根基，更是人类文明得以延续的奥秘所在。

穿梭在职场与家庭生活之间的我，日常忙碌而充实。曾有幸参与了两本合集书的编写，用文字记录下生活的点滴感悟。今年本想只梳理自己的生命故事，却在回忆中重新触摸到阅读的真谛。偶然听闻《陪孩子终身阅读》召集合集作者，便毫不犹豫地报了名。我想通过这本书纪念我的父亲，也愿将阅读的火种传递下去，让更多家庭浸润书香，让人类文明绽放新的光芒。

01 启蒙：故事为舟，书香作桨

父亲是我们姐妹童年的故事大王。他虽自嘲语文成绩不佳，却对民间故事情有独钟。小时候的父亲最爱去老人院，听白发长者讲述祖祖辈辈流传的奇闻轶事。那些故事在他口中化作斑斓画卷，让我们恍若置身奇幻世界。

城市里新开了一家购书中心，父亲带我们前往。那一天，我们走进购书中心，被眼前的景象震撼了。书架上摆满了各种各样的书籍，从百科全书到故事书，从历史传记到科幻小说，琳琅满目。那是我们第一次见到这么多书籍，仿佛打开了一扇通往新世纪的大门。父亲看着我们兴奋的样子，毫不犹豫地花了1000元，为我们购置了百科全书、文学故事等各类书籍。回到家中，我们如饥似渴地阅读这些书籍，沉浸在知识的海洋中。

购置书籍不过举手之劳，难的是将阅读的火种代代相传。两年后搬家，父亲特意布置了一间书房，为我们创造了专属的阅读空间。他床头常年摆放的书籍，无声地诠释了"身教重于言教"的真谛。父亲用最朴素的方式告诉我们：阅读不是任务，而是一种生活方式；书籍不是装饰，而是家庭中最珍贵的财富。

父亲对阅读的推崇或许源于他自身的缺憾体验，正因自己学生时代在语文学习上的挫败，使他更加懂得文字世界的价值。他没有能力亲自教授我们阅读技巧，却以故事作舟，书香为桨，载我们驶向星辰大海，点燃了我们心中对阅读的热爱。

这种启蒙不是填鸭式的灌输，而是如春风化雨般的浸润，让我们在不知不觉中爱上了与书为伴的生活。父亲的智慧在于，他明白真正的教育不在于教会孩子多少知识，而在于培养获取知识的能力和渴望。

02 成长：阅读厚度，决定人生剧本维度

小学时代的我痴迷于语文课本和彩色连环画，常常在新学期开始前就偷偷翻阅完整本教材。班主任的一次家访成为我阅读历程的重要转折点，她委婉地建议我："长大了，该读纯文字的书了。"这句话如醍醐灌顶，促使我在小学毕业那年购买了人生第一本纯文字书籍——《马思聪传》。初读时艰涩难懂，我几乎想放弃，但坚持阅读几章后，那位音乐家在动荡岁月中坚守艺术理想的故事深深震撼了我。透过文字，我首次体会到超越时空的精神共鸣，也朦胧懂得了卓越背后必然有常人难以想象的付出。

进入初中后，我决心挑战鲁迅的《狂人日记》。那个夏天，闷热的天气与文字里的癫狂压抑的氛围交织，使阅读成为一场意志的考验。多少次我想合上书页，逃离那种不适感，却又被一种莫名的力量拉回。当我读完最后一个标点，一种前所未有的成就感涌上心头，我不仅征服了一本难读的书，更征服了自己内心的畏难情绪。

这次阅读经历成为我精神成长的里程碑，从此我不再惧怕任何"难啃"的经典，而妹妹也在不知不觉中被我的阅读热情所感染。曾经放学回家第一件事就是打开电视的妹妹，渐渐开始模仿我读书的样子。她跟在我身后，阅读了大量超出她年龄段的书籍，语文成绩后来居上。

工作后，我一度陷入技术书籍的狭隘阅读中，直到加入写作社群，跨界阅读心理学、社会学、艺术史等领域。这段经历让我领悟到，广泛的阅读如同给心灵装上多棱镜，能从不同角度折射出现实的光谱。当我把这些跨界的思维融入工作时，创新灵感源源不断，职业发展也迎来了意想不到的突破。

这段跨越二十余年的阅读历程让我明白：阅读是一场与自我的持久对话，读不懂的焦灼，是思维在撑开新的边疆。真正的阅读从不孤独，它会在别人的眼睛里续写新篇。

03 传承：最好的书单，是孩子眼里闪烁的光

怀大女儿晶晶时，我每晚为她朗读《最好听的故事》，这成为我们最早的亲子仪式。从识字卡片到绘本，再到章节书，我循着父亲的方式，为她铺设了一条渐进的阅读之路。晶晶10岁那年，偶然听见我在读莫言的作品，竟主动要求阅读这本"大人书"。看到她专注翻阅那部厚重的小说时，我意识到孩子的阅读潜力远超成人想象。

晶晶后来展现出惊人的阅读速度与深度。一个暑假，她读了二十多本书，背后是她自主选书、主动阅读的内在动力。我发现，我精心挑选给她看的书，常常遭到冷落，而她自行发现的书籍却能让她废寝忘食。这让我顿悟，选书权是孩子打开世界的金钥匙。晶晶对书籍的珍视程度更给我上了一课。她定期整理书架，拒绝折叠书页，这种对

书本近乎仪式感的尊重，实则是对知识与思想的敬畏。

小女儿彤彤的阅读经历让我认识到重复阅读的价值。起初，我发现她反复翻阅同一本绘本，想引导她"开拓新领地"。直到晶晶提醒我"每次重读都会有新发现"，我才意识到，重读不是停滞，而是思想的螺旋上升。如今，看着彤彤主动翻出姐姐儿时的旧书津津有味地阅读，我懂得真正的阅读传承不是简单的书本传递，而是好奇心与思考习惯的接力。

在幼儿时期，晶晶和彤彤便在我的陪伴下开启了阅读之旅。每次挑到好书，我总迫不及待地想和她们分享。亲子共读的时光，让爱与书香交织，成为她们童年最温暖的底色。

在女儿们年幼时，亲子共读是我最珍视的陪伴方式之一。每次遇到好书，我总是迫不及待地买下来，与她们一同开启阅读之旅。喜爱，是吸引孩子走进书本世界的敲门砖。那些最初为晶晶挑选的绘本，如今也成为彤彤爱不释手的宝藏。随着彤彤的降生，家里的藏书如滚雪球般越积越多，卧室的柜子悄然变成小书架。晶晶长大后，阅读对她而言如同呼吸般自然。她的床头总是整齐地摆放着一叠她喜爱的书，偶尔她还会与我分享书中的精彩情节。在女儿们年幼时，我是她们阅读路上的引路人；女儿们长大后，她们已然成为我阅读的良友，与我一同在书海中遨游，探索未知的世界。

在引导两个孩子阅读的过程中，我总结了三点心得：幼儿时期的亲子共读是培养阅读习惯的黄金窗口；尊重孩子的选书权比精心设计书单更重要；允许并鼓励重复阅读能培养深度思考能力。

这些体会与父亲当年的做法不谋而合，提供环境而非指令，陪伴而非监督，信任而非控制。阅读传承的本质，不是知识的机械传递，而是学习热情与思维方式的自然延续。

04 延续：三代书页叠成梯，摘星的手势代代新

合上孩子们正在阅读的书本，我忽然意识到，父亲当年带我们走进购书中心的那一刻，改变的不仅是我们姐妹的命运，还悄然改写了尚未出生的孙辈们的成长轨迹。阅读如同一种良性的家族基因，在代际传递中不断丰富其内涵。从父亲讲述的民间故事，到我和妹妹痴迷的文学经典，再到孩子们探索的多元文本，每一代人都在书页间寻找属于自己的精神坐标，却又无形中为下一代铺设更高的起点。

阅读的真谛，或许正在于这种个体探索与家族传承的奇妙平衡。它既是我们认识世界的窗口，也是连接亲情的纽带；既是孤独时的精神避难所，又是家族文化的活水源头。当晶晶小心翼翼地整理书架，当彤彤窝在角落反复翻阅同一本故事书时，我仿佛看到了当年那个在父亲布置的书房里贪婪阅读的自己，也看到了父亲在老人院认真聆听故事的背影。

在这个信息爆炸的时代，真正的阅读不再是简单的信息获取，而是一种文化血脉的延续。它要求我们像父亲那样保持对知识的好奇与

敬畏，像我和妹妹那样敢于挑战艰深文学，像孩子们那样保持选书的自主与重读的耐心。当书香成为家的气息，当书房成为心灵的交汇点，阅读便超越了个人修养的范畴，升华为家族精神的DNA。

　　此刻，站在三代人共同构建的书籍城堡中，我忽然明白，真正的书香门第，不在藏书量而在传灯时长。让我们继续在书页间书写属于自己家族的精神史诗，因为每一次真诚的阅读，都是对先辈最好的致敬，也是对后代最深情的馈赠。

陪孩子阅读,成就彼此的蜕变

享邑

体制内工作者
国家二级心理咨询师
家庭教育指导师
陪伴孩子终身成长者
弘丹写作学院私董会成员

在体制内的十几年，我一路躺平，按部就班地工作，日复一日地完成任务，生活平淡如水，没有太多波澜，没有多余的想法。然而，命运的转折点悄然而至，怀孕后，我望着逐渐隆起的肚子，一种前所未有的责任感油然而生。我开始为孩子的未来深思熟虑，萌生了记录孩子成长的想法，在机缘巧合下，踏入写作课堂，从此开启了属于自己的阅读与写作的全新旅程。

01 从传统教育到现代育儿理念的转变

在成长的道路上，父辈们总是会语重心长地叮嘱："你要好好学习，将来要考个好学校，我们是没机会了，你们要好好学习。"这句话，如同一把沉重的钥匙，开启了我的求学之路，脑子里也因此深深印刻一句话：学习是为了改变命运，是为了让生活变得更好。于是，在这样的观念驱使下，我努力学习，希望通过自己的拼搏来实现父辈的期望，走出一条属于自己的路来。

可是，当我自己成了母亲，面对自己的孩子，却发现不能简单地将这种观念复制粘贴到他的身上。在育儿的路上，听到最多的是"你要好好学习"，之后出现了"我们一起读书吧""我在陪娃学习"等，甚至还看到有家长跟孩子一起参加研究生考试。

我看到了"鸡娃先自鸡"的理念，父母不把自己的想法强加给孩子，而是先提升自己，再引导孩子更好地成长。这个时代，我们不再只是单纯地要求孩子去学习，而是开始关注孩子的兴趣，关注他们的内心世界。我开始明白，教育不应该是一种填鸭式的灌输，而应该是一种陪伴，一种相互学习、共同成长的过程。

在这种理念的引导下，我开始重新审视自己的生活方式和教育方式。发现过去那种以客厅为中心的生活方式，已经不能满足现代家庭的需求。我开始尝试去客厅化的装修风格，把更多的空间和时间留给阅读。不再只是把阅读当作一种任务，而是把它当作一种生活习惯、一种生活态度。现在家里客厅一整面的书墙，随时随地放置的书架，都成为我跟孩子一起阅读的场所。"孟母三迁"也是为了给孩子创造良好的环境，我相信，家里这样的设置可以为孩子创造一个更加健康、更加积极的成长环境。

外部环境的改变，加速了内在的调整，我看到《七田真胎教法》。胎教，不仅仅是为了让胎儿在母体中能够更好地发育，更是为了让孩子在出生之前就开始感受到父母的爱和关怀。于是，我开始尝试着去实践这些胎教的方法。每天晚上，我都会用温柔的声音和充满爱意的语调，为孩子讲述一个个美好的故事。

在陪孩子阅读之前，阅读于我而言，只是偶尔为之的消遣，一年下来也读不了几本书，只是零星翻阅一些与工作相关的资料，甚至之前家里都没有书架，阅读并不是我生活的必需。

但当我决心陪孩子阅读后，一切都变得不一样，我逐渐爱上了阅读。通过阅读，我可以拓宽自己的视野，提升自己的素养，让自己在孩子的成长过程中，能够更好地去理解和陪伴他们。我更加坚定地相信，陪伴孩子阅读，不仅仅是为了孩子的成长，也是为了我自己的成长。

02 陪伴阅读开启亲子共成长

从胎教开始，我每天晚上都给孩子读书，慢慢发现阅读真的很有魅力。后来，孩子出生后，我们开始一起读绘本。为了让孩子更好地理解，我会根据绘本内容做出丰富的肢体动作，还会发出各种声音。看着孩子开心的笑脸，我感受到了陪伴阅读的乐趣。

读完一本绘本后，我会和孩子一起讨论故事内容。有一次，我们读完一本关于动物的绘本，我问孩子最喜欢哪种动物，孩子说喜欢大象，因为大象很聪明。我问孩子为什么觉得大象聪明，孩子回答说因为大象有长鼻子，能做很多事。那一刻，我意识到通过阅读，孩子不仅学到了知识，还锻炼了表达能力和逻辑思维。

我记得之前读过一篇文章，说孩子的语言发展和大脑发育息息相关。于是，我开始有意识地在日常生活中丰富自己的语言表达，以身作则，为孩子营造良好的语言环境。慢慢地，孩子开始学会用更多丰富的词汇来表达自己的想法。

为了更好地记录孩子的成长，我尝试将阅读的感悟写下来。刚开始写作有点困难，但为了孩子，我努力坚持，把陪伴孩子阅读时的点滴记录下来，不仅记录了孩子的成长，也见证了自己写作能力的提升，还获得了儿童类赠书。

孩子的成长让我感受到教育的力量。就像《父母的语言》中说的，父母的语言能影响孩子的认知发展和学习能力。孩子现在能用完整的句子表达自己的感受，和同龄人相处也很融洽，这让我感到很欣慰。

通过陪伴阅读，我逐渐明白，教育不是单向的灌输，而是双向的互动。父母的成长和孩子的成长是相互促进的。我从一个不爱读书的人变成了一个热爱阅读和写作的人，这一切都源于陪伴孩子阅读的经历。

现在，孩子已经5岁了，能和我进行正常的交流，还能说出一些比较复杂的词汇，像"迫不及待""涡轮发动机"等。听到孩子说出这些词，我感到非常惊喜。这让我更加坚信，陪伴孩子阅读是一件非常有意义的事情。

通过这段经历，我认识到，教育不是一蹴而就的，而是需要父母和孩子共同努力。在这个过程中，父母的成长和孩子的成长是紧密相连的。

现在，只要孩子有空闲时间，我们就会一起坐在沙发上，翻开一本本书，沉浸在故事的世界里。孩子会主动要求我给他读故事，还会指着书中的图片和图案，兴致勃勃地和我讨论。有时候，一页绘本，孩子会对画面上的每一个场景进行拓展，一页的图画，自己能讲30分钟以上，边讲边肢体表演，看着孩子眼中闪烁的光芒，我更加坚信，陪伴阅读是孩子成长路上最宝贵的礼物。

03 在陪伴中实现自我蜕变

在陪伴孩子阅读的过程中，我逐渐发现，这段旅程不仅改变了孩子，也重塑了自己。最初，我只是想为孩子营造一个良好的成长环境，但随着阅读的深入，我开始意识到，自己也在悄然发生着变化。我从一个对阅读兴趣寥寥的人，逐渐变成一个热爱阅读、渴望知识的人。

在陪孩子阅读的过程中，我开始规划自己的学习路径。我明白，不能只要求孩子读书，自己却停滞不前。于是，我开始有意识地为孩子树立榜样，自己也开始阅读各种书籍，从儿童文学到教育心理学，从历史传记到科幻小说，我的阅读范围越来越广。通过阅读，我不仅拓宽了自己的视野，还提升了自己的思维能力和表达能力。

这种成长不仅体现在阅读上，更悄然蔓延至生活的各个角落。2024年，单位组织了一场演讲比赛，我怀着忐忑不安的心情鼓起勇气报名参加。在备赛过程中，我反复打磨稿件、练习发声、调整语速，那些陪孩子阅读时积累的表达技巧，宛如点点星光，照亮我前行的道路。最终，我不仅成功代表单位参赛，还一路闯入更高一级比赛。尽管最终获得的是优秀奖，但奖品是一张读书充值卡，对于日益沉浸于书海的我而言，这份奖赏无比珍贵，宛如为我的阅读之旅注入新的活力。而这次经历，对于曾经那个内向、怯于在公开场合表达自我的我来说，更是意义非凡，是一次巨大的突破。这背后，是陪孩子阅读所积累的自信在支撑着我。

我还意识到了积极、主动的力量。自己有心理咨询师证书、家庭教育指导师证书，但一直没有开展相关工作，总是教育孩子要积极、勇敢、不要害怕，如果自己遇到事情就退缩不敢向前，又怎么能引领孩子成长呢？2023年，当我得知有心理教官聘任的消息后，一改往昔消极怠惰，积极主动参加竞选，凭借在阅读和写作中学到的丰富知识和精湛技能，成功地完成了任务，顺利入围，成了一名市级教官。

类似这样的成果在这几年层出不穷。2024年，我参加了一项全国性质的内部考试，这场考试竞争激烈，千人角逐，通过率仅7%。然而，我凭借顽强的毅力和扎实的知识储备，有幸成为那少数幸运儿之一。我深知，这与平时陪孩子阅读、自我学习阅读密不可分。陪孩子阅读，不仅让我在孩子的成长之路上扮演更重要的角色，还让我在生活的舞台上绽放出别样的光彩，收获了满满的幸福与成就感。

在孩子的成长过程中，我不断突破自我。我不再是那个只会在生活中躺平的人，而是有了新的目标和动力。孩子的成长激励着我们不断前行，而我们的成长也为孩子树立了榜样。

人的潜力是无限的。无论年龄多大，无论过去的生活如何，我们都有能力去改变和成长。过去，我曾因为生活的平淡而感到满足，但陪孩子阅读让我发现，生活可以更加丰富多彩。而那些对未来生活不满足的人，也可以陪着孩子重活一次，重新找到生活的意义和价值。每个人都有机会活出闪闪发光的自己。父母和孩子相互学习、共同成长，我们不仅是孩子的引路人，也是孩子的伙伴。

04 携手同行，共赴成长未来

每当看到孩子沉浸在书本中的专注神情，听到他用新学的词汇表达想法时，我都感到无比欣慰。而我也在阅读与陪伴中，不断突破舒适区，重拾对知识的渴望，重新定义自己的人生价值。

过去那个在体制内按部就班、随波逐流的我，已一去不复返。如今的我，怀揣着对成长的热忱，勇敢地迈出舒适区，在工作和生活中绽放新的光彩。

未来的日子里，我将与孩子携手，继续在阅读的道路上不断前行。让我们以书为伴，用爱浇灌，静待成长之花绚烂绽放。愿每一个家庭都能在这场亲子共读之旅中，收获属于自己的幸福与成长，活出闪闪发光的精彩人生。

陪孩子终身阅读：一个 80 后父亲的阅读成长手记

爱鸣谦

"阅践"联合创始人
"乐行人生"主理人
7 年连续创业者
认证互联网营销师
在线学习服务师
喜马拉雅认证有声演播师（中级）
终身阅读学习践行者

2025年春天，孩子们开学后的某个深夜，我坐在书房里整理电子阅读器里的几十个书单，看着屏幕上的《家庭的觉醒》《终身成长》等书名，忽然回想起我从滇中农村到城市书房的人生轨迹。作为两个孩子的父亲，我曾在深夜机房里靠读书对抗孤独，在创业失败的凌晨三点借文字重建信心，更在陪孩子共读的时光里，重新理解阅读这件事——它不仅是我改变命运的钥匙，更是我抵御岁月侵蚀的精神脐带。

01 草根IT工科男的暗夜突围

1985年深秋，我出生在滇中的一个村落，儿时的记忆已经比较模糊，印象比较深的，是父亲最早给我买的《新华字典》被我每页都写上了名字，涂得乱七八糟，之后父亲用废报纸把书包起来，挂到了家里的房梁上。已经记不清当时父亲跟我讲了什么，但从那以后，我懂得了要珍惜书籍，每次新学期开学发下课本，我都会找父亲要旧报纸当书壳把书包好。父亲看到我的变化，于是把珍藏的连环画给了我，假期里除了和村里的伙伴到小河里摸鱼，我就看连环画。

小学毕业后，我考入了县一中，由于离家较远，我只能住校，周末走10公里土路回家。平时在校，我才知道学校里有图书室，于是学校图书室也成了我经常光顾的地方。那时路遥的《平凡的世界》让我看到农村青年孙少平在苦难中坚守理想的勇气，那句"生活不能等待别人来安排，要自己去争取和奋斗"，打开了我这个山村少年的视野，我坚信知识能带我走出大山。

2003年，我成了村里的第一位大学生，踏入云大软件学院。新校区荒僻，不少同学沉迷于电脑游戏，我也未能幸免，大一下学期数学挂科。这次打击如同一记重锤，敲醒了浑浑噩噩的我。我重新走进图书馆，找回了更丰富的课余生活。大二暑假，我和室友考取驾照；大三参加日语辅导班，虽然最终因不喜欢编程而放弃了去日本实习的机会，但课外阅读让我明白"职业规划是终身的探索，而非一次简单的选择"。

2007年底，初入社会的我遭遇了第一次重创。实习公司转型失败，我被遣散，又在朋友的游说下误入直销泥潭，最终亏损收场，欠下债务。这段灰暗的时光让我深刻体会到社会的复杂，也让我明白，没有规划，随波逐流只会使自己陷入困境。重新回归IT技术工作后，辗转几家公司，7年时光匆匆而过，却始终在技术岗上徘徊。30岁的门槛前，同学聚会上受的刺激、备孕的困难，让我意识到必须做出改变。2014年，我毅然转岗做销售，虽然业绩平平，却迎来了第一个宝宝，也让我有了更多时间重新审视自己。

销售经验的不足让我在工作中举步维艰，直到2016年，我花了两个月的工资，咬牙报名参加"蓝小雨冠军销售培训"，重新开启了学习之旅。4个月的高强度学习，每天的总结作业，让我真正理解了"716精神"的内涵。而培训中推荐的书籍，如同一把把钥匙，打开了我认知的新大门。我开始大量阅读，从销售技巧到人生哲理，家中的藏书渐渐增多，到现在已经有上千本。阅读让我明白，学习才是成长突围的关键，那些从书中习得的经验和方法，成了我工作中的有力武器。

4年销售生涯结束后，我踏上创业之路，却在7年里经历了多次失败。育儿、电商、SaaS（软件运营服务）、小程序、知识付费……投入与收益的失衡常让我陷入自我怀疑。但《原则》中的"痛苦+反思=进步"，如同黑暗中的灯塔，照亮了我前行的道路。阅读赋予我的抗挫力，让我在家庭矛盾与事业挫折中保持清醒，从一次次失败中爬起，继续坚持。从山村少年到职场人，再到创业者，我走过许多弯路，陷入过无数困境。但每一次暗夜中的突围，都有阅读相伴。童年时看的连环画，中学时读的《平凡的世界》，大学的图书馆，职场培训书籍，创业时读的《原则》……每一本读过的书，都在我生命的年轮上刻下深刻的印记。它们是知识的载体，是思维的手术刀，是心灵的净化器，更是我穿越暗夜的灯塔。

阅读给我带来的改变，不仅仅是知识的积累，更是思维的转变和心灵的成长。它让我在困境中保持对世界的好奇与敬畏，在挫折中激发韧性，在每一次挑战面前，有勇气重新出发。回首来时路，那些曾经的曲折，都成了我成长的阶梯；而阅读，就是支撑我不断攀登的强大动力。未来的路或许依然充满未知，但我知道，只要手中有书，心中有光，就一定能在突围之路上，走出属于自己的精彩。

02 在育儿战场上，阅读是最好的武器

2012年冬结婚时，我全然不知未来的育儿之路会布满多少荆棘。那时我仍是技术工程师，长期泡在机房的辐射环境里，出差频繁，因而婚后备孕成了一场艰难的持久战。快一年多都没要上孩子，直到读了备孕方面的书，书中的科学理念点醒了我，于是我辞去了耗损健康的技术岗工作，转型做销售，有规律地生活。我们照着书中的饮食表和运动计划去执行，2015年春，迎来了大女儿。这让我第一次深切体会到：育儿的第一步，是用知识摆脱困境。

大女儿三岁前，我们因婚房烂尾不得不住在岳父母家。老人的溺爱，让孩子养成了衣来伸手、饭来张口的习惯，以至于上幼儿园之后，已养成的性格和许多习惯很难改过来，着实让我们头痛。为了让孩子上好学，2019年我们搬进市中心的"老破小"，因家中还有高龄奶奶要照顾，岳父母不能随同，只能我们自己照管孩子，真正的挑战由此开始。在创业初期的焦头烂额与独自带娃的双重压力下，两个女儿的教育也成了"不能输的阵地"。那段时间，我们给孩子买了不少绘本，每天晚上大女儿完成家庭作业后，我们会围在一起看书，引导他们自己看绘本，我看育儿书。书架上的育儿书成了我的救兵，《正

面管教》中"和善而坚定"的育儿方法教会我如何应对孩子赖床、不想收拾书包。《如何说孩子才会听，怎么听孩子才肯说》里的"共情式沟通"成了我的日常话术。这种引导式教育，让孩子们逐渐学会了自己探索，做事也逐渐有了规矩。

2023年因老婆单位要搬迁，只能卖掉市中心的"老破小"，换成单位新址附近的学区房。折腾了几个月，大女儿才转学成功，又因她数学基础薄弱，在新学校跟不上进度，习题经常做错。之后看到《学习之道》里的"组块理论"，我才不再纠结于单个错题，盯着孩子写作业变成了"陪"孩子写作业。用乐高积木帮孩子理解几何概念，并买了教育部推荐的"语文阅读推荐丛书""快乐图书吧"系列图书，以及少年励志、改进学习方法类的书，让孩子每天抽空看，同时培养孩子课外阅读的习惯。

这些年搬了5次家，每一次行李箱打开又合上，不变的是床头那排育儿书，我终于明白：在育儿这场没有硝烟的战争里，每一本读过的书都是手中的兵器，它们让我们在应对各种问题时，既有温柔的铠甲，也有智慧的长剑。育儿从来不是出于本能的驱使，而是一场需要持续学习的修行。泛黄的书页里，藏着比"如何养娃"更重要的答案——它让我们在生活中保持清醒，在困惑里找到方向。或许有一天，当孩子们翻开自己的人生之书，会在浏览到某个段落时忽然懂得：父母读过的每一本书，都是落在她们生命里的光，虽不耀眼，却温柔地照亮了成长的每一步。

03 不惑之年的阅读觉醒——从学习者到传承者

去年（2024年）冬天的农村老家，阳光透过木窗洒在两个女儿的小脸上。她们蹲在爷爷的旧书桌前，沉浸在阅读中。这个场景突然唤醒了我尘封的记忆——30多年前，父亲正是在这张书桌前，用一本本小人书为我打开了文字的魔法世界。此刻，眼前的画面，分明是时光的奇妙重叠：当年那个从文字中汲取力量的男孩，如今正成为阅读基因的传递者。

陪孩子阅读的过程，是一场精神的双向成长。大女儿在作文里将阅读比作"妈妈泡的普洱茶"，初尝苦涩，却回甘悠长；二女儿把《猜猜我有多爱你》画成卡通画，用稚嫩的笔触演绎爱的哲学。这些温暖的瞬间让我顿悟：真正的家族传承不是物质财富的延续，而是让阅读成为流淌在血脉里的精神密码。当我们在睡前共读《小王子》时，当我们为《夏洛的网》中的友谊感动时，那些文字早已化作滋养心灵的养分，在孩子心中种下与自己对话、与世界和解的种子。

2025年的春节，于我而言是个特殊的转折点。想起那些在阅读中度过的夜晚，作为父亲，我从未想过让孩子成为学霸，却想让阅读成为他们人生的避难所。这种传承早已超越了家庭的范畴，当我在"阅践"中分享阅读方法时，当看到很多父母在直播间留言"今晚和孩子共读了《爱的教育》"时，我知道这场始于个人觉醒的阅读之旅，正在汇聚成照亮更多人的星火。作为连续创业7年的"失败者",在不惑之年的节点上,我选择按下人生的重启键,决定重启"阅践"项目,在知识付费领域深耕。这个决定源于一次深刻的自我剖析,《纳瓦尔宝典》中"把自己产品化"的箴言,让我在创业的迷茫中重新审视个人价值;《业力管理》教会我以因果思维看待得失,消解了创业失败带来的挫败感;而《道德经》中"反者道之动"的智慧,则让我明白低谷亦是新的起点。那些深夜读过的书籍,早已在我的潜意识里种下"知行合一"的种子。我在新阶段的使命,就是将阅读学习与实践经验转化为可复制的方法论,借助互联网和AI,把如何阅读及阅读之后如何践行的方法传播出去,让更多人在"知道"与"做到"之间架起桥梁。

站在不惑之年的路口回望,阅读早已不是简单的习惯,而是我贯穿生命的修行。它让我在遭遇中年危机时找到破局之道,在育儿过程中回归教育本质,在传承中领悟到生命的深层意义。或许这就是阅读最动人的力量:它不仅能塑造个体的精神世界,还能在代际传递中织就一张无形的网,让每个接触它的人都能在文字的光照下,成为更好的自己,也成为他人的光。

让我们一起用阅读点亮人生的每一个角落。

家庭共读，书香传承

刘燕

绘本阅读指导师
中级家庭教育指导师
青少年生涯规划师
社区青少年社工

从世界五百强企业的资深财务,到全职照顾两个孩子的全职宝妈,从家庭支柱到手心向上的迷茫主妇,从迷茫自卑到成为社区阅读老师、儿童社工、青少年成长规划师,到现在成为一个疗愈系的自媒体博主,这一路兜兜转转,穿越迷雾,让我找到了真实的自己,实现了理想的生活。若你问我一路翻转人生,关关难过关关过的通关密码是什么?我的答案始终是:阅读!

对我而言,阅读就如作家毛姆所说:阅读是一座随身携带的避难所。它不仅是逃避现实的港湾,更是照亮人生的明灯。在我人生的每个重要时刻,都是不同的书籍在给予我智慧的启迪和前行的勇气。

如果生命是一棵长满可能的树,那么阅读就是滋养这棵树的沃土。所以,如果让我选择给孩子一个最宝贵的礼物,那就是培养孩子对阅读的热爱。

01 低谷中的救赎:名著给予的力量

在成为全职妈妈之前,我一直是外企白领,工作充实,生活丰富精彩。每天穿着得体的职业装,踩着高跟鞋穿梭在写字楼间,处理着重要的财务报表,参与着跨国会议。那时的我,享受着工作带来的成就感和经济独立的自豪。然而随着第二个孩子的到来,哺育教育的责任和照顾家人的压力让我不得不选择放弃工作,成为全职妈妈。从职场白领到全职妈妈的巨大转变,让我经历了巨大的心理落差,甚至险些走入抑郁的深渊。没有收入,脱离社会,缺少正常的社交生活让我倍感焦虑和压抑,尤其是自我价值感的缺失对我的内心的打击不言而喻。每天重复着洗衣做饭、收拾玩具、接送孩子的单调生活,我开始怀疑自己的选择是否正确。特别是在夜深人静时,疲惫地看着熟睡的孩子,我常常问自己:难道这就是我想要的生活吗?

也就是在那段内心彷徨的时期,我偶然重拾起儿时最爱看的小说——《简·爱》。记得那是一个周末下着小雨的晚上,等到孩子们都睡着了,我再次翻开了这本尘封已久的书一字一句地读了起来。神奇的是,这个几乎已经被我淡忘的人物——简·爱,又在我心里活了起来。这个平凡却坚韧的女性形象又一次深深打动了我,在她的身上我仿佛感受到一种力量:真正的价值不在于被爱,而在于学会爱自己。一个足够自尊自爱的人,才有能力去爱他人,也才能赢得他人的爱与尊重。看完这本书我突然好像想明白了很多事情,对自己的人生有了新的蓝图和计划,更是重新燃起了阅读的热情。

说起来我对阅读的热爱还是源自于童年时期,小学时寒暑假白天没人陪的我就去父母单位的图书馆看书,一看就是一整天。幸运的是20世纪80年代物质虽匮乏,但图书馆里藏书却很丰富,各种世界名著、人物传记、希腊神话、中国民间故事应有尽有,正是这些书为我打开了通往新世界的大门。每当我坐在长桌前,阳光透过窗户洒在书页上，空气中弥漫着的淡淡墨香，这些静谧美好的画面是我内心深处最美好的回忆。无论是《红楼梦》的世情百态，还是《飘》中斯嘉丽的坚韧，特别是《福尔摩斯》的缜密推理……这些经典作品都在我幼小的心灵播下了热爱阅读的种子，但当时懵懂的我还并不知道这些精神财富会在往后的日子里，如何滋养着我，并一次次给予我披荆斩棘解决生活一切难题的力量的！

02 武侠梦到社工路：武侠文学种下的善因

升入中学以后，也许是受到电视剧《射雕英雄传》的影响，我完全沉迷于金庸、古龙、温瑞安等等作家的武侠小说中，看完一套又一套，简直欲罢不能。只要写完了作业，就是看武侠小说，甚至常常夜深人静以后躲在被窝里打着手电筒看。我由衷地敬佩郭靖的"侠之大者，为国为民"的侠义精神，向往着《笑傲江湖》里令狐冲的超然洒脱，还有很多武林高手的传奇故事都在我心中悄悄种下了"行侠仗义"的种子，所以儿时的我最大的梦想恐怕就是去学一身武功，做个仗剑走天涯，行走江湖，行侠仗义的侠女。

当然随着年纪渐长我终于明白现实生活中的我，是永远也无法去学武功或者去走江湖的，但武侠文学里的侠义精神已经深深影响了我。幸运的是，在现实生活中我找到了另一种践行"行侠仗义"的方式——成为一名社工。记得第一次参与社区组织的帮助困境儿童的项目服务时，我遇到了一个单亲家庭的孩子。他性格内向，学习成绩也不理想，甚至有了厌学的情绪。但是通过交流我发现他内心是个高敏感、高自尊的孩子，特别是当我说起他的名字和某某成功企业家相似时，我看到他的眼里突然闪烁出光芒。于是我找到了这个企业家的人物传记，带着他一起读，当读到这个企业家小时候的坎坷经历时，我看到他的眼睛也闪着泪光，呼吸急促，被深深地触动了。就这样，通过每周的陪伴阅读，我感受着他的心一点点打开，内心因为有了榜样的力量而变得越来越开朗自信。当他告诉我在学校里他第一次主动举手回答问题并得到表扬时，我的内心也特别的激动和开心，仿佛看到了武侠小说中那些脱胎换骨终成大器的少年英雄。现在每当我有机会参与社区项目，我都非常的积极开心。虽然我做不了会武功的女侠，但是这丝毫不影响我通过阅读和分享，去鼓励和帮助需要帮助的人在阅读和生活中找到智慧和力量，成为另一种"女侠"。

03 家庭共读，陪孩子共同成长

受童年泡图书馆的启发，以及长年累月购买的越来越多的藏书无处安放，我做出一个决定：把家彻底改造成小型家庭图书馆，让家成为最舒适的阅读场所。客厅、卧室、走廊，目之所及皆有大大小小的书架。记得装修新家时，我特意请设计师在书房设计了一整面墙的书架。当书架安装好的那天，女儿们兴奋地在书架前跑来跑去，兴奋地说:"妈妈,现在我们家好像图书馆呀!"看到她们的笑脸我也有种老鼠掉进米缸里的快乐!毕竟曾经我的梦想职业之一就是做图书管理员,可以看很多很多的书,现在我的家就是我儿时梦想中的样子,可以做家庭图书管理员啦!我发自内心地觉得,阅读环境也是培养孩子持续阅读兴趣重要的一环。我用自己和女儿的经验证明了,处处有书香的家庭环境里,孩子必然会爱上阅读!

此外,在挑选书方面,有时真的需要家长像营养师搭配膳食一样精心挑选,为孩子准备"营养全面"的"精神食粮"。为了让孩子在阅读中养成"不挑食"的好习惯,我会挑选不同种类的经典好书:绘本可以培养想象力,科普书擅长激发好奇心,人物传记可以树立榜样……记得有一次,我给大女儿读到《居里夫人传》时,她听完大声宣布:"妈妈,我长大也要当科学家!"吴军老师在他写的《见识》一书中指出:"有后劲儿的人有着更宽广的视野,而这种视野来自其学生时代接受过的良好的通识教育。有后劲的人往往受益于通识教育。"我深以为然,如果在孩子年幼时就开始注重阅读的广度,让孩子及早开始接受通识教育,这也许是培养孩子成才最简单、最经济、最有效的方法了。

04 从"亲子阅读"到"独立阅读"

这要从我两个女儿风格迥异的亲子阅读经历说起：

我的大女儿是我从周岁就开始亲子阅读直至小学三年级，每天睡前雷打不动地给她读故事，但最后我发现虽然她很愿意听我读书，却完全提不起兴趣自己翻开一本书独立阅读。这让我猛然发现一个问题：过于长期的亲子共读是否会让孩子产生依赖心理，反而影响孩子阅读能力的培养？

于是，在小女儿身上我改变了策略。同样从周岁开始亲子共读，但当妹妹通过亲子阅读自学了600多个汉字后，我就逐渐主动退出阅读者的角色，转而鼓励她自己选书自己阅读，如果遇到不会的字可以问我。起初小女儿也是很不情愿地哭闹着要我读，但我温柔坚定地鼓励她自己尝试，从读一段开始，慢慢过渡到完整故事，并不断表扬鼓励她。渐渐地，她似乎也爱上了这种独立阅读带来的灵活和自由。现在只要完成学业，一有空闲她就会立刻跑去书架前找书看，而且涉猎广泛。

正是这段经历让我渐渐明白：教育需要智慧，更需要勇气；家长既要懂得陪伴，也要学会放手。当孩子具备一定阅读能力时，就要果断相信并鼓励其独立阅读。即使面对孩子哭闹，家长也要温柔且坚定地鼓励她："试试看，你一定能行！"如果遇到困难，告诉她："没关系，坚持下去就会了。"

此外，我深刻觉察到亲子共读也是培养专注力和亲子关系的绝佳方式。小女儿小时候活泼好动，但只要一起读书，她就马上会安静地依偎着我。有一次她轻声说："妈妈，我好喜欢和你一起读书，因为这样就能和你多待一会儿。"

这些对话让我深受感动。我深知成年人的生活不易，有太多事务需要处理，但孩子的童年转瞬即逝，哪怕每天只能抽出10分钟，和孩子共读一本好书，对孩子来说都是最珍贵的礼物，也是未来亲子关系中共同的美好回忆和精神财富。

从个人成长到亲子教育，阅读始终给予我最大的力量。它让我在迷茫时找到方向，在疲惫时获得力量，在教育孩子时更有智慧。我愿终身陪伴孩子一起阅读，在书香中与孩子共同成长，以阅读开启人生无限的可能！

▶ 以阅读为舟：打造亲子共读的终身成长地图

晨阳

家有 5 岁男宝，职场妈妈
家庭教育践行者，亲子阅读推广者
高级家庭教育指导师，心理咨询师，绘本阅读指导师此时，是我正式加入写作行列的第4个月，我在书房，面对着电脑，手在键盘上敲击，写下了这篇文章。我思绪万千，这是我第一本与弘丹老师及其他伙伴合著的书。回想当时加入本书写作行列的初心，是想送给自己和孩子一本育儿书。"陪孩子终身阅读"是我一生的使命，我希望能以书为载体，陪孩子共同成长。

在数字屏幕吞噬注意力的时代，作为家庭教育实践者和亲子阅读推广者，我始终坚信：阅读是父母给孩子留下的最持久的资产，而亲子共读是用生命滋养生命的修行。

01 0—3岁：从感官启蒙到阅读扎根的"黄金1000天"

孩子还未出生时，我就给还在腹中的孩子读书听。抱着想让孩子知道这是妈妈声音的初心，在准备待产包的时候也购买了一些书，如黑白卡和一些可供孩子撕咬的布书等。

现在孩子快5岁了，我依然记得那时一起读书的我们，躺在床上翻动卡片，用简单的语言进行互动。每当孩子看明白后，他都会做出相应的回应。比如，笑出声或踢踢脚，这时我就知道宝贝知道了。那时我的心都被融化了，第一次真正感受到孩子奶声奶气的回应……

当孩子快5个月时,我开始带着他看布书和触摸书,明显感觉到在触觉敏感期,孩子很感兴趣去体验和触碰任何东西。我就提供给孩子丰富的感官体验,把一些安全、可供孩子触摸的书籍和玩具放在孩子身边,让他触手可及,就有了睡前的10分钟亲子阅读时光。

在这个过程中,我能清晰感受到我们彼此的爱在流动。因为有了这样美好的体验,我从未想过带孩子参加外面的早教机构,而是把所谓的"早教"放到了家中。

我希望陪伴孩子的时光是不受时间和地域限制的,结合"小步在家早教"课程体系,运用生活中常见物品,让孩子能提前有序地接触到世间万物,在玩中学,学中玩。但这需要父母提前了解课程内容并准备好相应的教具,我利用自己通勤路上的碎片化时间提前进行准备,这也奠定了我后续碎片化学习的能力基础。随着月龄的逐渐增大,教具包会提供对应月龄的绘本,孩子特别喜欢一些贴近生活场景的绘本内容。

令人开心的是,一段时间后,我收获了良好的亲子关系,直到现在,我依然是孩子生活中的玩伴。孩子会主动要求妈妈陪他玩,也会要求妈妈陪他阅读,睡前阅读已然成了我们的习惯。

尽管如此,曾经的我也因孩子的语言能力发育迟缓而担心,带着孩子跑医院,但是孩子的不配合,以及医生提供的建议使我明白:阅读的价值来自长期积累,并不是达到某一目的后马上就能有所收获;太注重结果,会打击孩子的阅读积极性,应该顺其自然,把阅读当作和孩子交流互动的机会。

生命最初1000天的阅读不是为了灌输知识，而是为了通过感官刺激建立"书本=快乐"的神经联结。

02 职场妈妈，高质量陪读的幸福时光

自从拥有了亲子共读的习惯，我白天在通勤路上做准备，晚上陪娃。每天虽然时间不多，但是好在能长时间坚持下来，孩子养成了阅读习惯。我就开始扩展孩子的阅读范围，不再拘泥于眼前的内容，在购买绘本的路上不断探索。也渐渐意识到自己的阅读能力有所缺失，于是跟随孩子成长的脚步，重新把书本拿了起来，每天读一点。刚开始是无意识地读，不知为何要阅读，只是感觉自己在阅读过程中会比较放松，甚至更享受当下。

在此过程中，孩子也逐渐有了自主意识，开始对书的类型有了自己的感知和判断。比如，男孩子相对来说会比较喜欢有车子内容的书，也会对一些互动类的书特别感兴趣，还会与书中的内容进行互动，甚至将其表演出来，我印象特别深刻的是《好饿的毛毛虫》《点点点》《从头动到脚》这几本书。我发觉孩子在肢体动觉方面有比较明显的优势，这一点是在我遇到困扰后主动学习才意识到的。

在陪读过程中，孩子不乖乖地坐着听，甚至听着听着人就走开了，怎么办？

在没学习之前我真的怀疑是不是自己读得不好,孩子不喜欢听,等等。我一般会选择继续读下去,但是会尝试运用从早教中学到的技能,寻找机会,把孩子的注意力吸引回来。这个方法一开始比较有效,但时间一长,自己就没有耐心继续给孩子读下去了,虽然每天还保持着共读的习惯,但更多是流于形式。

伴随着孩子语言能力的提升,孩子会主动与我探讨绘本内容,而有时我的回答却令孩子感到沮丧。

比如,读绘本《爸爸也会哭》时,其中一个知心姐姐的角色成了我和孩子探讨的话题。孩子问:"我好喜欢玛丽昂姐姐,她可以到我家陪我玩吗?"我说:"这个姐姐真的很好呀,每当小男孩需要倾听和帮助的时候,她都会及时给予回应和安慰……"但是我也会告诉孩子:"她只是书中的人物,并不会来哦。"话音刚落,孩子就明显表现出失落的情绪,这时候我知道自己说错话了。

等到第二次再读的时候,孩子又问了同样的问题,我就说:"那如果玛丽昂姐姐来到我们家,你会怎么招呼她,和她一起玩什么呢?"孩子就开始表达一些看似有趣而天真的想法,他说我会请她吃汉堡包、炸鸡、冰激凌,还有,和他一起玩积木,等等。

我由此明白了阅读的真正意义。阅读,更多是为了增进父母和孩子的交流和互动,帮助父母了解孩子的内心世界。当孩子遇到困难的时候,有人能像玛丽昂姐姐一样倾听孩子的声音并帮助孩子,孩子会喜欢那个人,这是人之常情!

有了这样的意识后,我开始主动创造和孩子交心的机会,同时从多个方面激发孩子的能力,包括思考能力、语言表达能力等,甚至还结合现实生活,强化并提升相应能力,不再是为了读而读,而是读完后我们可以有更多的亲子互动时光。

职场父母的陪读质量≠时长,关键在于建立"阅读即探索"的游戏化思维。

03 让书香融入家庭,共同营造阅读氛围

陪孩子阅读激发了我自身阅读的热情,我也发现了自己在阅读方面的局限性。比如,我更注重表面信息,而不思考文字背后的深层含义。我相信读书会带来复利,无论是物质上的,还是精神上的。我决定每天阅读半小时,把遇到的难点记录下来,将有所感悟的地方摘抄下来。

当我对自身的要求越来越高,我开始写作,边思考边输出。对于陪孩子阅读这件事,我会在选书上多下功夫,保持孩子的阅读兴趣,同时尽可能提供多种类型的书,供孩子选择。我会提前对书中的内容进行简单的提炼,在尊重孩子意愿的前提下,增加更多的互动机会;不急于把一本书读完,确保阅读更有趣味性。

一本书不是读一遍就可以了,要带着孩子反复阅读;要让孩子体会到阅读的乐趣。

为了营造良好的家庭阅读氛围，我开始着手建立"家庭阅读图书馆"，书柜靠着一面墙，把我和孩子读的书放在我们随手可以拿到的地方。

生活本没有意义，但是我们可以通过阅读赋予人生意义。

当我们把共读时光雕刻进生命的年轮，收获的不仅是孩子多方面的能力，更是抵御时代焦虑的锚点；当我们以阅读滋养生命，孩子将以成长惊艳时光。

警徽下的书香逆袭：双警家庭10年亲子共读故事

张博

笔名清风贤士
作家、诗人，职业警察
任新疆吐鲁番市公安文联作协主席，吐鲁番市高昌区文联副主席
作品发表于《人民日报》
曾获"金鼎杯"金奖、"屈原诗歌奖"桂冠奖等
代表作有《党旗飘扬》《警魂颂》等

人生是一场没有回放的直播，而我和妻子作为人民警察，常常在警灯与书香之间匆忙切换角色。当儿子小阳在全国青少年国学演讲比赛中获得金奖时，他眼中熠熠生辉，那一刻，我无比确信：那些在值班间隙争分夺秒挤出的共读时光，那些以《三字经》伴他入眠的夜晚，早已在他生命里种下了照亮终身的希望火种。

01 襁褓里的文明突围：当警徽遇上书香（0—3岁）

凌晨三点，值班室的电话铃声刚落，我便收到保姆王姨的消息："小阳抱着《三字经》布书哭，怎么哄都不停。"我心急如焚地匆匆赶回家，只见两岁的小阳把"人之初，性本善"的布书角咬得皱巴巴的，口水洇湿的纸页上，模糊的笔画像极了他脸上未干的泪痕。双警家庭的无奈，让我们比普通父母更能理解"陪伴"的珍贵意义——那些被出警电话打断的睡前故事，那些错过的第一次蹒跚学步，都成了我们心中的遗憾。

周末补休时，我总会穿着洗得发白的警服坐在地毯上，用《弟子规》的节奏轻轻拍打孩子的小屁股："父母呼，应勿缓——爸爸出警前，你要乖乖地和王姨说再见哟！"我特意把"出警"二字咬得重重的，像是在给孩子解释这身制服的意义。而妻子则把《唐诗立体书》里描绘"飞流直下三千尺"的书页折成纸船，放进他的洗澡盆，看着他稚嫩的小手追逐漂浮的"小船"，奶声奶气地喊着"妈妈、船船"。有一次值完夜班回家，我看到小阳正举着玩具警棍，对着《山海经》里"精卫填海"的画面手舞足蹈，兴奋地大喊："妈妈！小鸟叼石头，就像你们抓坏人一样厉害！"他不知道，此刻我的警服口袋里还装着凌晨抓捕犯罪分子时磨破的手套。

那些印有国学经典的触觉书、能发出清脆声音的《声律启蒙》卡片，成了我们弥补陪伴缺位的"特殊警徽"。王姨常说，托儿所老师总夸小阳懂礼貌：别的小朋友抢玩具时，他会奶声奶气地念着"财物轻，怨何生"，然后把自己的积木推过去。那时的他，对声音有着异乎寻常的敏感：听到《三字经》的朗读音频会停止哭闹，跟着节奏晃动小脑袋；摸到《千字文》里凹凸的汉字时，会把脸贴在书页上咯咯笑。我们这才发现，原来传统文化不是遥远的典籍，而是能让孩子在孤独中找到慰藉的"语言"。

命运给双警家庭的考验，是让书香成为最温暖的"警徽"。当孩子在《三字经》里触摸善恶，在《弟子规》中学会等待，孤独就有了被化解的力量。

02 跨界生长的文化冲锋：让古籍走进现实（4—6岁）

幼儿园的亲子活动上，别的家长表演着欢快的儿歌，小阳却戴着跆拳道护具，将《西游记》里"三打白骨精"的情节编成了一套充满活力的武术操。腾空踢腿时，他大声呼喊："妖魔鬼怪快投降，就像爸爸妈妈抓坏人一样！"护具撞击的声音和童声交织，让台下的我红了眼眶——原来在孩子心中，父母的职业早已和英雄故事融为一体。

我们的书房成了"古今战场"：读完《岳飞传》后，小阳用乐高精心搭出"岳家军"，给每个士兵贴上"精忠报国"的字条，还煞有介事地给玩具警车贴上"岳"字军旗；临写《兰亭序》时，他会突然停下笔问："王羲之写这么好看的字，是不是和爸爸写案情报告一样认真？"那时的他，总把爸爸的警帽戴在头上，在书桌前模仿"严肃办公"的样子。

小阳对运动的热爱和对声音的天赋在这一阶段同步觉醒：幼儿园运动会上，他穿着印着"小哪吒"的运动服，在短跑项目中全力冲刺，边跑边喊"我是风火轮"；元旦文艺表演中，在表演舞蹈时，作为唯一一个男孩，他对传统文化的演绎，他那童真的眼神、动作和精气神，引得台下家长的阵阵喝彩；他朗诵《咏鹅》时，清脆的童声配合着模仿白鹅戏水的手势，台下家长纷纷举起手机录像。而他的玩具箱里，消防车、警车、救护车整齐排列，每辆车都有专属的"故事剧本"——比如，载着《格林童话》里的小红帽去警局报案，或是送给《三国演义》里的刘备"警车"去救援。

真正的成长从来不是单刀直入，而是讲究"虚实结合"。当孩子用街舞演绎《三字经》，用武术诠释《山海经》，古老智慧便有了穿透时空的生命力。

03 书桌与警徽的昼夜交替：在共读中锚定方向（7—8岁）

小阳上三年级的深秋，我和妻子同时外出执行任务，半个月没能回家。视频通话里，小阳举着《史记·少年版》，鼻尖贴着屏幕，兴奋地说："爸爸，我给社区画了'抗疫英雄榜'，用的是《廉颇蔺相如列传》里的画像画法呢！"镜头扫过他的书桌，我们的警服叠得整整齐齐的，摆在台灯旁，旁边是翻开的《论语》和《人民警察职业道德规范》。王姨后来告诉我们，小阳每天睡前都会对着警服念"己所不欲，勿施于人"，说这是"警察宝宝的守则"。

那个冬天，我们带着被解救的流浪猫回家，小阳翻开《孟子》，轻声念道："老吾老，以及人之老……"接着便蹲在阳台，用旧毛巾给小猫做窝，还把自己的零食分给它。阳光透过窗户，洒在他书桌上的《雷锋的故事》和我们的警号牌上，光影交错间，我忽然发现他早已把"为人民服务"的精神,从书本里的文字变成了生活中的行动——他会把幼儿园发的糖果分给保洁阿姨,会在小区里帮老人提物品、按电梯,还说这是"小警察的日常任务"。

小阳的阅读量在这一阶段呈现"爆炸式"增长:《小兵张嘎》等红色经典,让他懂得了什么是真正的勇敢;《乔治的宇宙大爆炸》《三体》等科幻作品,让他开始思考"宇宙中的正义";而李白的豪放、杜甫的沉郁,则让他在朗诵时学会用声音传递不同的情感。学校举行朗诵比赛,他在朗诵《少年中国说》时,特意穿上用爸爸的警服改小的马甲,敬礼的姿势标准得像个小战士,评委们纷纷惊叹道:"这孩子眼里有光。"

双警家庭的书桌,是24小时不打烊的值班室。当孩子看见警服与古籍并肩而立,便懂得:正义需要勇气;而勇气,藏在《少年中国说》的每一声朗诵里。

04 思辨场上的古今对决:让经典塑造未来(9—10岁)

全国国学朗诵比赛前夜,小阳突然抱着《资治通鉴·少年版》钻进我的怀里问:"爸爸,'少年强则国强',现在的'强',是要像古人那样饱读诗书,还是像你们那样勇敢地抓坏人呢?"他的眼睛在台灯下亮晶晶的,像装着整个星河。比赛当天,他身着改良汉服,在舞台上用街舞动作演绎《少年中国说》：念"红日初升——"时，一个利落的侧手翻，汉服的衣摆划出了一道优美的弧线；念"其道大光——"时，他突然转身，对着观众席行了个标准的警礼，掌声雷动中，我看见评委们纷纷在擦拭眼角。

凭借出色的表现，小阳陆续登上全国性赛事的舞台。他参加过全国中华诗词大赛、中央广播电视总台"我是小主播"全国总决赛、"少年中华诵"全国总决赛等活动。在"曹灿杯"朗诵大赛中，他在朗诵《我爱这土地》时，特意加入了参观烈士陵园时的感悟，讲到"为什么我的眼里常含泪水"时，声音里带着哽咽，却又充满力量。

当孩子学习《论语》里的古人智慧，在《三体》中寻找科技伦理，阅读就不再是静态的传承，而是一场跨越时空的对话。

05 给岁月的阅读勋章：让书香成为终身警徽

10岁生日那天，小阳精心整理出一本《成长警事录》，包括：婴儿期咬坏的《三字经》布书、幼儿园时期画满警徽的《千字文》、小学时获奖的国学笔记，还有每次旅行带回的书签，如故宫的脊兽书签、敦煌的飞天贴纸、科技馆的火箭徽章等。他在扉页上写道："爸爸妈妈的警号是他们的使命，我的'警号'，是书架上的每一本经典。"

如今的书房，那盏陪伴他长大的台灯依然每晚准时亮起。周末清晨，我们常会看到他趴在地板上，一边摆弄玩具车，一边给流浪猫念《诗经》："关关雎鸠，在河之洲……"；傍晚，他会和我讨论《资治通鉴》中的历史事件，用玩具警棍在白板上画"战略图"；睡前，他会抱着《哈利·波特》钻进我们的被窝，非要用魔杖"指挥"我念上一段，说这样"咒语才会生效"。

我们始终相信"读万卷书，行万里路"的力量。在西安，小阳摸着仿制兵马俑的铠甲，忽然想起《史记》里的"赳赳老秦"，兴奋地给游客讲解商鞅变法；在敦煌，他看着飞天壁画，哼起自己改编的《将进酒》，把"黄河之水天上来"改编成摇滚版；在三星堆博物馆里，他感受到了中国古代文明的发达先进和古人的超群智慧。这些经历，让他真正理解了"读万卷书"是给思想插上翅膀，"行万里路"则是让翅膀接触到真实的天空。

命运给双警家庭的馈赠，是让孩子在书香中提前读懂"责任"二字的含义。当他学会在《诗经》里感受草木深情，在《警察荣誉》中理解使命担当，便拥有了对抗世间浮躁的最强装备。

合上小阳的《成长警事录》，窗外的警笛声与书房的翻书声交织成一曲独特的旋律。作为双警父母，我们曾以为忙碌是育儿的阻碍，却没想到，正是这种"警徽与书香并存"的成长环境，让孩子在传统文化中扎根，在现代视野中飞翔。小阳的故事证明：最好的教育，从不是完美的陪伴，而是用智慧将缺位转化为精神的指引——当父母的职业信仰与孩子的阅读成长形成共振，每个孩子都能在自己的人生舞台上，奏响属于自己的精彩乐章。

愿每个孩子都能在阅读中找到属于自己的密码：让古老智慧滚烫如初，让现代思维锋芒毕露，在人生的每一场硬仗里，都能果敢地喊出："看我，用书香破阵！"

▶ 书籍是最好的健脑房和慧学堂

袁文魁

国际益智运动联盟副主席、记忆传承人联盟主席
世界记忆大师、世界记忆总冠军教练
长江读书节讲书人、文魁读书会创始人
第11届当当影响力作家人气名师奖得主
《记忆魔法师》《打造最强大脑》作者

女儿二年级时洋洋洒洒写下了千字作文,这与我童年写作文时的抓耳挠腮,简直是有天壤之别呀!我问她:"你擅长写作文的秘诀是什么?"她笑道:"因为我无条件地爱读书呀,读书让我很快乐!书中有很多知识,让我变得更有智慧!"

作为超脑学习力教练的我很欣慰,忽然意识到:亲子共读,是我曾经带给女儿最有价值的脑力训练。书是最好的健脑房和慧学堂。而陪她在共读中成长,又何尝不是"现在的我"在陪"童年的我"重活一次呢?

01 玩转脑力游戏书,开启多元智能

我在2011年就想研究幼儿脑力开发,理论俱备,只欠孩子。2017年,我的女儿袁又一诞生了,她在2岁半时,在书架上发现了一本记忆力游戏书,让我陪她玩了一遍又一遍,她说:"我要把这本书看一万遍!"后来,她在填写幼儿园的读书调查表时,居然把一本揭秘大脑的绘本列为她的最爱,这让我欣喜不已。

她有两年对脑力游戏书很痴迷,我陪她通过记忆力训练书来练习观察记忆、联想记忆、故事记忆等,在专注力训练书里玩走迷宫、找不同、找指定图案、听声音做动作等游戏,以此来练习视觉专注力和

听觉专注力。她还特别喜欢玩"逻辑狗",她的数学智能、逻辑智能、空间智能等,都在潜移默化中得到了提升。

女儿没有提前学习小学的知识,但刚入小学才两周,数学老师就夸她很有天赋,称她为"数学学霸",这让我惊讶不已。老师说:"她真的非常优秀,会倾听、会表达、会学习。爸爸妈妈好会培养!"那一刻,我很欣慰,"陪孩子玩出最强大脑"的理念,终于在亲子阅读中开出了一朵小花。

每当看到女儿的聪慧,我常常回忆起儿时的我,在长辈们"傻""闷葫芦"的评价里蜷缩。很幸运的是,智慧的妈妈开了一家书店,让我从小就生活在"书香门第"。我依然记得当时看过一套脑力游戏书,也特别痴迷于《脑筋急转弯》,好几本书里的答案我都烂熟于心,让我感觉自己开窍了一点。

初中时我读到了《学习的革命》,高三接触到《魔幻记忆100%》《63择归速读速记》,于是我开启了快速阅读与记忆法的训练。我用记忆法将诗词古文和政史地知识背得滚瓜烂熟,阅读速度也达到了2000字/分钟,超脑学习力帮助我考取了武汉大学文学院。原来,我的大脑不是生锈的齿轮,而是能被书籍唤醒的"超脑引擎"。

后来我的人生更上一层楼:2007年保送研究生并创办武汉大学记忆协会,2008年成为"世界记忆大师",后来培养出中国首位世界记忆总冠军王峰、《最强大脑》全球脑王陈智强在内的近百位记忆大师,出版了《记忆魔法师》《打造最强大脑》等7本脑力类畅销书籍,获得了"当当影响力作家"等荣誉。

　　读书为我的大脑赋能，让我成为"记忆传承人"，我的命运因为读书而改变。而陪伴女儿玩转脑力游戏书，也让我接纳了儿时"傻"的自己，正是对想要变聪明一点的渴望，让我一路探索和精进，成为别人眼中的"最强大脑"。如今我想让更多的家长知道，如何通过亲子阅读来陪孩子玩出最强大脑。

02 读绘本练脑力，每本书都是健脑房

　　除了脑力游戏书，我陪孩子读得最多的还是绘本和漫画。我也会根据她的认知发展特点，融入适合的脑力训练。比如我用手指指引来训练她的视觉专注力，通过提出问题来训练她的记忆力，让她续编故事来训练想象力，请她作为"小老师"给我讲书，用"费曼学习法"来训练她的思维力和表达力等。

　　我还把有些绘本做成了"读绘本练脑力"的游戏，比如《逃家小兔》，我把它制作成了三道脑力游戏题，第一题是"配对记忆训练题"，让孩子把小兔子变成的东西与妈妈变成的东西连线；第二题是"观察记忆训练题"，随机拍出绘本里的一个细节，让孩子去找出在哪一页。

　　我还做成了"故事记忆训练题"，小兔子有7次"变身"，分别是小鳟鱼、大石头、小花、小鸟、小帆船、空中飞人、小男孩。我编成

了一个故事："想象小鳟鱼在水中撞到了大石头，大石头的另一端长着小花，从花枝上飞出一只小鸟，小鸟飞到了小帆船上，帆船的帆上吊着空中飞人，空中飞人飞向了一个小男孩。"

孩子听完一遍之后，就可以倒背如流了。这个练习对袁又一来说很简单，因为在她2岁半左右时，我就会拿几张识图卡片给她编故事，她有一天突然就会自己编故事玩了，这让我非常惊喜，她居然能举一反三了！

在陪她"读绘本练脑力"时，我具备了将任何内容变成脑力游戏的思维模式，这也大大助力了我的写作。在我的书籍《小学生学霸记忆法：漫画必背古诗词》《小学生必背古文现代文》里，设计了大量的"大脑赋能游戏"，综合训练了她观察力、记忆力、理解力和创造力等脑力。

比如《燕子》，我将漫画变成了打乱的拼图，要孩子凭借记忆还原；再比如《火烧云》，我用记忆比赛里的抽象图形呈现，让孩子们发挥想象力看它们像什么。女儿拿到这两本书，就先把"大脑赋能游戏"都玩了个遍，也许未来，我会为两个女儿编写《大脑赋能游戏书》，让孩子们可以玩个够！

03 学国学增智慧，每部经典都是慧学堂

选择阅读什么样的书籍，就是在选择成为怎样的人。特别是在AI

时代，知识已经泛滥成灾时，更需要阅读国学经典，唤醒自己的内在智慧。

我家里有一台读经机，经常会作为背景音乐来播放，让孩子沉浸在经典之中，不过最好的方式还是父母来诵读。2024年出生的二女儿袁三一相对幸福一些，在她妈妈肚子里时，就听她妈妈读诵了大量经典，出生之后我会给她读《三字经》，抱着她时给她背诵《论语》，她妈妈会给她读《幼学琼林》《千字文》等。

陪大女儿袁又一学经典，我也是费了一番心思。她读幼儿园时，我把《弟子规》用绘图记忆法绘制出来，又一有时候也会共创，家里的人物都是里面的角色。比如"长者先，幼者后"，我画了一桌子菜，火柴人姥姥、爸爸、妈妈、又一排着队，又一说："要长先幼后哦，姥姥先开始吃，然后是爸妈，最后是我。"这样的"植入"让孩子与经典建立了感性联结，她慢慢就在生活中践行所学了。

后来，我把这一系列绘图录成了视频，还加入了"学国学练脑力"的游戏，在视频号上公益分享，帮助了很多家庭亲子共学《弟子规》。

我请画家绘制了动物漫画版的《弟子规》，帮助孩子们趣味学习和形象记忆。我最初是想帮助自己的孩子，却顺带帮助了更多的孩子。

陪女儿学习国学经典，我认识到了国学经典的魅力，并立志成为一名国学智慧传承人。要想让孩子学习国学，需要家长先热爱国学。女儿读小学之后，我没能带动她一起诵读经典，于是我选择自己精进修习。

2023年，我开展了"东方智慧学思行"共学，倒逼自己录制了52期国学金句的视频，金句选自《大学》《道德经》《了凡四训》《弟子规》等。2024年我重点诵读并践行《大学》，国学经典的智慧也帮我度过了人生低谷期。2025年我录制了《论语》系列视频，公益带领很多朋友共学《论语》，也带着又一在坐车时听鲍鹏山老师的《论语》课，那段时间她居然说她最爱《论语》。

我探索使用AI绘图来助记经典，与豆包智能体"孔子"来对话思辨经典，用DeepSeek将国学金句变成思维模型。2025年5月是首届"记忆传承月"，记忆传承人联盟举办了国学绘图记忆作品展，展出了我用AI绘制的《大学》金句，这是"人工智能"与"东方智慧"碰撞出的火花。借助AI作为我的阅读搭子，它帮助我逐步成为"AI时代的超脑学习高手"。

《大学》里说："欲齐其家者，先修其身。"我发现，最好的亲子阅读，从来不是"教孩子读书"，而是"孩子促使父母成为更优秀的读者。"

我也会去思考："如果我是一本书，我想成为什么类型的书？孩子会从我的身上读到什么？"

如《大学》开篇所言："大学之道，在明明德，在亲民，在止于至善。"我选择成为一本"经典"，绽放内心的光明德行，活出智慧、幸福、富足的生命状态，润物细无声地影响我的女儿们，并在终身阅读中去靠近"至善"！

在 AI 时代，陪孩子读一本"会呼吸"的书

叶沃泉

国企退休干部
退休后致力于书法研究

某天在书房翻到孩子小学时的作文本，泛黄的纸页上写着："爸爸的故事像老台灯，暖黄的光里藏着整个世界。"我突然想起30年前的夏夜，孩子趴在我膝头看《三国演义》，我故意把"长坂坡"曲解成"长板坡"，孩子急得直摆手，说："书里写的是'坂'！"

后来买了AI故事机，AI故事机用机械音念完《小红帽》，孩子捧着奶奶的旧书问了很多问题，这时我才惊觉，有些亲子之间的互动是AI永远无法替代的。

阅读从不是知识的传递，而是让每个文字在孩子心里开出独一无二的花。

上海儿童医学中心的研究数据令人警醒：过度依赖智能设备的孩子，创造性思维得分低28%。但更让我触动的，是杭州家长李女士的"追问游戏"。当AI告诉孩子"云是水蒸气凝结"，她没有转发标准答案，而是带着孩子在厨房做"云雾实验"。玻璃盖上的水珠往下滴时，她问："为什么难过时说'心里有乌云'？"孩子忽然指着阳台上晾晒的白衬衫，说："像妈妈没晾干的衣服，沉甸甸的。"这一幕瞬间让我想起一句话："好的阅读是让孩子在字里行间找到自己的影子，再把影子变成光。"我们陪孩子阅读，何尝不是在帮他们把抽象的概念，酿成属于自己的生活诗？

上海儿童医学中心的研究数据令人警醒：过度依赖智能设备的孩

子，创造性思维会受到负面影响。我们守护的是孩子独一无二的想象火花，是把文字变成生活诗意的奇妙能力，让阅读充满温度。

在成都张伟家，客厅的书架就像是座时光博物馆。每本书都贴着标签：爸爸的《童年》夹着泛黄的糖纸，妈妈的《简·爱》里掉出大学录取通知书，孩子的《神奇树屋》里夹着幼儿园的涂鸦。有一次AI推荐《哈利·波特》快读版，孩子却踮脚取下爷爷的《红岩》，问："爷爷，江姐疼吗？"老人颤抖着接过书："疼啊，但她手里的针线比疼更硬，就像你拼乐高时不服输的劲儿。"那一刻，红色经典不再是历史课本上的铅字，而是三代人指尖相触的温度。书架是一个家庭的年轮，每本书都刻着时光的密码。当孩子在祖辈的旧书里摸到岁月的纹路，文明就完成了一次温柔的传递。

重庆山城的陈奶奶和孩子的"月光读书会"让我眼眶发热。每周六晚上，她们关掉电灯，在阁楼点一支红烛，共读《诗经》。AI曾用标准女声朗诵"蒹葭苍苍"，孩子却捂住耳朵："奶奶的声音里有嘉陵江的雾！"老人眼角笑出了皱纹，说："傻孩子，奶奶的喉咙是装过山城的晨雾、长江号子的。"烛光摇曳中，纸页翻动的沙沙声与远处的汽笛声应和，孩子忽然指着"白露为霜"的插图，问："霜是不是星星掉在草叶上打了个滚？"这样的夜晚，让我想起木心的诗："从前的日色变得慢，车，马，邮件都慢……"当我们为孩子创造一段不受电子产品影响的阅读时光，就是在他们心里留下一片星空，让想象力可以乘着纸页的翅膀，飞向算法到不了的远方。

广州的"未来信箱"活动像一场跨越时空的对话。孩子每周给20年后的自己写信,妈妈会在信里夹一片当天读的《简·爱》书页,爸爸则贴上一张旧报纸。有次孩子数学考砸了,躲在房间掉眼泪,妈妈翻开自己25岁的日记,说:"今天在书店看到《简·爱》,读不进去,只觉得字里行间都是眼泪。现在才明白,那些眼泪是星星的碎片,会慢慢拼成月亮。"孩子摸着日记里晕开的泪痕问:"妈妈,我的涂鸦有一天也会变成星星吗?"这样的场景让我想起《查令十字街84号》里的一句话:"书信是时光的琥珀,每个字都凝结着心跳的温度。"当我们和孩子用笔墨记录阅读的感动,就是在为他们的未来埋下一颗时光胶囊,里面装着童年的奇想、父母的牵挂,还有人类文明最本真的情感。

在武汉的亲子读书会上,我见过最动人的"错误教育"。有个孩子坚持认为《草房子》里的细马是坏孩子,AI文学分析判定"认知偏差",但家长却展示自己中学时的批注本,说:"细马偷瓜时,月亮是不是也躲起来害羞了?"孩子眼睛一亮,说:"原来错误不是终点,是通往新发现的小路!"当我们在阅读中鼓励孩子质疑、想象,就是在帮他们搭建一座桥梁,连接已知的世界和未知的可能。

AI可以是锄头、是肥料,但真正让种子发芽的,是孩子眼中的光、心中的爱。让AI辅助而非替代,借它激发孩子思考,在阅读中浇灌出心灵的花朵。

每个家庭可以制作"记忆胶囊":把爷爷口述的经历,如抗战故事录成磁带,将妈妈的读书笔记扫描存档,把孩子的第一幅涂鸦装裱起来。当这些带着体温的记忆被封入玻璃瓶,就成了对抗数字失忆的最好武器。当我们和孩子在阅读中编织家庭的精神谱系,就是在为人类文明保存最珍贵的火种。

最后想起深圳那位程序员爸爸的故事。他曾沉迷用AI给孩子做早教,直到发现孩子听见机械音就尖叫。后来他在旧书摊淘到一本20世纪50年代的《看图识字》,封面上的熊猫贴纸已经褪色,孩子却捧着书不肯放手。现在他们有了"无屏星期三",每晚在台灯下共读。有次读到"月亮像小船",孩子突然指着爸爸的眼镜笑,说:"爸爸的镜片也像小船,里面有两个我!"那一刻,所有的代码和算法都失去了颜色——原来最好的阅读课,从来不在屏幕上,而在父母膝头的温度里。

在AI汹涌的时代,我们陪孩子阅读,不是为了培养"抗AI人才",而是要让他们知道:真正的智慧,从不是数据的堆砌,而是带着体温的思考,是揉进生活的感动,是跨越代际的精神传承。当我们牵着孩子的手,在纸质书的字里行间漫步,就是在告诉他们:这个世界上,总有一些东西,是算法算不出的温柔,是数据代替不了的深情,是需要用一生去守护的,属于人类的精神家园。

在AI时代,陪孩子阅读是守护精神家园,让带着体温的文字照亮他们的人生之路。

愿每个孩子都能在父母的陪伴下,读一本"会呼吸"的书——书页间藏着祖辈的故事，字里行间跃动着家庭的温暖，而那些在阅读中学会的思考、想象与爱，终将成为他们抵御数据洪流的铠甲，陪伴他们在未来的岁月里，走出一条充满人性光辉的路。毕竟，教育的本质从来不是装满水桶，而是点燃火焰——而阅读，就是那簇最温暖、最持久的火苗，在每个家庭的书架旁，在每个孩子的眼睛里，永远跳动，永远明亮。

文化养心，传承育魂，父母与孩子共赴文化成长之旅

镜心

2024年畅销书《行动红利》联合作者

从医学跨界教培行业20余载

秉持"育人先育心"理念的经典文化践行者

现专注于研修青少年心灵教育成长与传播

"十年树木，百年树人。"自从命运的齿轮使我成为跨界教育培训老师以来，二十几载的解惑育人之路，使我深深地领悟到人才培养的复杂性和长期性。随着被定义为"成绩单上的孩子"越来越多，我的心情也越发沉重起来。

"授业、解惑"只能让教育停留在"技能"层面，无法让孩子们真正悟"道"，真正成长。教育的本质重在"传道"。

教育不仅仅是知识的传授，更重要的是心灵的成长和人格的完善——"育人先育心"，而父母则是孩子情感启蒙的第一任老师，正确的开启方式可以为孩子的人生奠定坚实的道德基础。

01 现状反思：文化断层的危机与重建的契机

2023年，北京大学发布的一项调研显示：仅有28%的中小学生能完整背诵五首以上古诗词，而在2000年，这一比例高达68%。更令人担忧的是，约40%的青少年对传统节日习俗毫无认知，甚至将端午节误认为是"吃粽子节"，而不知其背后的屈原精神与家国情怀。一位大学老师在网上发声，有很多大学生对中国历史表现茫然，大唐盛世的年代，甲午战争的时间，台湾何时被割让都不能答出，但是对国外的愚人节、情人节、圣诞节等节日却可以脱口而出。

与此同时，心理学研究发现，长期缺乏文化滋养的儿童，情绪稳定性、抗挫折能力和道德判断力普遍较低。中国青少年研究中心的数据表明，在经典文化教育缺失的家庭中，孩子的焦虑、抑郁倾向比接受系统传统文化教育的孩子高出37%。这些数据揭示了一个严峻现实：我们的孩子正在经历一场文化断层的危机。

教学工作其实就是一场看见。两年前一个初中女生因一次考试不理想，被高要求的妈妈严厉训斥，一气之下从二楼跳下，虽然性命无忧，但小小的身体受到了重创。所以智慧的父母用正确的思想观念引导孩子，为其扎下幸福人生的稳固根基，是孩子人生教育的最重要的本源。文化是我们中华民族的根，中国的伟大复兴尤为关键的是中华上下几千年的优秀传统文化和信仰的复兴，而解决这一问题的关键，不仅在于学校的教育，更在于家庭的文化传承——父母必须成为文化火种的传递者，与孩子共同踏上文化成长之旅。

02 文化失根，当代儿童的心灵困境

首先，来看文化真空下的"空心化"悲哀。成长在快节奏的现代社会，许多孩子的成长被简化为"成绩单上的数字"。自2020年之后，在我教过的学生中做过这样的调研，他们精通奥数、英语，但对《论语》《孟子》中的智慧几乎一无所知；他们能熟练操作电子设备，却对"仁义礼智信"的基本道德准则感到陌生。当问及"父子有亲，长

幼有序"背后的真正五伦之礼时,他们会单纯认为只是家人而已,并没那么多考量,甚至可以对父母随意发泄情绪,并以此炫耀自己的家庭地位。

哈佛大学教育研究院的长期追踪发现,缺乏文化认同的青少年,在成年后更容易陷入身份和价值观混乱。相比之下,接受过系统经典教育的孩子,在情绪管理、社会责任感和创造力方面表现更优。

文化断裂的强烈对比在给我们发出警示,重视经典文化的传承迫在眉睫。

· 梁启超家族,一门三院士,九子皆才俊。梁氏家族的家风建设,每日晨读经典,家训强调"自强不息,厚德载物",爱国教育更是家族活动的出发点及最终归宿。

· 而现代"空心学霸"现象:某省高考状元在进入大学后陷入迷茫,坦言:"除了考试,我不知道自己真正喜欢什么。"

再看,畸形文化的渲染和传播呈不断上升趋势。西方暴力文化的入侵对青少年的行为产生错误的导向,当今校园恶性欺凌事件屡屡频发,抽烟喝酒悄然成风,畸态的两性观念和家庭道德观念,未成年人犯罪越来越低龄化,犯罪手段越发残忍难容,挑战法律底线的同时,冲击着人性的上限。这背后彰显着对外来文化的盲目信奉和对传统文化的异化继承,不良文化的影响是导致这些现象重要的文化成因。

中国家庭教育学会的调查显示,在坚持经典诵读的家庭中,子女的心理健康水平比普通家庭高42%,且成年后的职业成就与社会责任感显著更强。

03 文化养心：让经典文化真正滋养孩子的心灵

苏霍姆林斯基的教育箴言："在由人的精神财富外化而来的和谐的交响曲中，最微妙、最温柔的旋律当属于人的心灵。"父母构建一个系统化、阶段化、可实践的家庭经典教育体系，是和孩子来一场共同文化之旅的关键。以下方法可供父母们参考：

启蒙阶段（0-6岁）：文化基因的植入期。0-6岁是孩子语言和情感发展的关键期，经典诵读能促进大脑神经回路的优化（美国儿科学会，2022年）。这个时期可采用音律滋养和亲子共读的方法，每天播放《诗经》《声律启蒙》的吟诵音频（如"凯叔讲故事"国学系列）。和孩子共同用绘本版《三字经》《千字文》进行互动学习。

·杭州一个家庭从孩子2岁起坚持"每日10分钟经典诵读"，4岁时孩子已能自然背诵《弟子规》，并在幼儿园展现出超乎同龄人的语言表达能力和同理心。

·网络上有个名叫小满儿的小女孩，在父母引导下从儿时学习经典文化知识，如今4岁的她满满的正能量，谦虚而心怀天下，小小年纪就说出："我是农民的孩子，我骄傲，守护农业，不仅是保障生存，更是守护文明延续了根。"

童学阶段（7-12岁）：文化思维的养成期。此时带动孩子去理解经典的现实意义，无需死记硬背，只需充分利用孩子大脑的灵活性进行创新实践。如将《论语》生活化，父母可设置家庭每日"反思时间"（与孩子共同总结当天行为），让孩子亲身感受"吾日三省吾身"的真正意义。引领孩子制定快乐学习计划，"学而时习之"，避免填鸭式教育。

少成阶段（13-18岁）：文化人格的淬炼期。此时，经典教育应聚焦于价值观、世界观的塑造和批判性思维培养，也是父母最不可缺席的陪伴成长期。

一方面通过阅读经典中外文化作品和爱国主义的深化教育，唤醒孩子的民族自豪感，培养孩子健全的人格和丰富的情感。可参考阅读绘本《红色经典·爱国主义教育系列》《童心向党·百年辉煌系列》《中华先锋人物故事汇》丛书和《给孩子读的中国榜样故事》丛书。这些能让孩子了解战争和苦难，感悟民族精神内涵，帮助孩子做勇敢有担当的人，激发他们继承革命传统，从小树立远大理想。而先锋人物的杰出品质，向青少年传递昂扬向上的生命力量，对青少年具有很强的感召力和教育启迪。

另一方面从实践方向可以做沉浸式体验。带领孩子参观数字化的革命纪念馆，参加"重走长征路"的研学活动，可以培养孩子的创意表达，为历史人物制作短视频解说，还可以结合社会议题浅尝课题研究（如环保、感受农家乐）等。

还可以运用经典做"逆商"训练，用"人生如逆旅"的精神应对学业压力。深圳一名高中生因学业受挫陷入抑郁,父亲引导他阅读《苏东坡传》,并共同撰写"东坡式心态日记"。三个月后,孩子不仅成绩回升,还创办了校园"乐观心理学社"。

04 父母修行:成为文化传承的火种

文化传承不是单向灌输,而是父母的自我成长与孩子的共同进化。父母的文化觉醒,与孩子彼此成就,成为彼此的心灵照见,传承与守护优秀的经典文化才是中华文明生生不息的灵魂之根。

那么父母如何正确开启这扇神圣之门呢?以下为个人总结以供参考。

首先,深耕经典:每季度精读1部经典(如《论语》《道德经》)。可借助读书会或者线上学习班精进,深度剖析,学习内蕴。

其次,举办"家庭经典研讨会"或者举办"小小家庭诗词擂台赛"。借鉴央视节目言传身教,引发孩子对诗词的热爱,让诗词的光彩映照现实人生,助力孩子学习成长。而通过经典礼乐熏陶(如通过古琴、书法、国画、茶文化、陶艺制作等传统"载道之艺"),则可培养孩子对古文化的审美视角,提高他们的专注力。研究显示,书法练习可提升专注力23%。若能与孩子共享其乐,那将是妙不可言的亲子陪伴。

再就是,父母共同构建家庭文化生态空间。如设立"经典角",

定期更换主题（如"唐诗四季""宋词节气"）。设置时间节律，制定"家庭文化节气表"，结合传统节日同孩子一同开展沉浸式学习。

05 文化传承的家庭典范

杭州"三味书屋"现代家庭做法：每日晨读《声律启蒙》代替闹钟，每月"走读之旅"（如访王阳明故居感悟"知行合一"）。获得成效：孩子自创"古诗新唱"作品，获全国青少年文化创新奖。

北京一中医世家的"经典+教育创新"，将黄帝内经养生智慧融入家庭健康管理，用"望闻问切"思维培养观察力。获得成果：女儿15岁出版《少年读内经》，推动校园中医文化社团。

父母共同制定家庭文化传承誓言："我承诺，每日与经典对话一刻钟，每周带孩子践行一则古训，每年深化一项文化技艺，以文化滋养内心，以传承蕴养灵魂"。

栽种千年树，培育未来人！当父母的手放得下手机，捧得起《论语》，握得住进步的鼠标；当家庭的书架既有《道德经》，又有STEAM教材，我们的孩子便真正拥有了贯通古今的智慧之翼。

此生作伴阅读生命

杨璞

"全国最美家庭"获得者
"福建省书香家庭"获得者
福州市"读书明星"
福建省巾帼志愿服务十大感动人物
创办以中医药启蒙为特色的传统文化公益学堂——赤玉学堂
开展乡村亲子阅读公益活动
组织亲子天天读经典活动持续不间断超 1000 天

我相信，每一个生命的降临，一定经过久久的呼唤。我们的第一个孩子就是这样被呼唤而来的。我们早早给孩子取好了小名，常常给他写信，也常常在心里对他说话。因为不停地，心心念念地呼唤，他才从彩虹王国走到我们身边。此生相逢，生命的书页轻轻在风中翻起，清风识字，阅读着彼此交融的生命，因为孩子的到来而开启的生命阅读，生动精彩，饱满辉煌。

生命的阅读，回顾起来还有很多故事要说。故事从哪儿说起呢，时间还要倒回2016年。我还清楚地记得2016年1月，风从北京站站台呼啸而过，伴着火车的汽笛声，不禁让人裹紧厚厚的衣裳。一对年轻的夫妻，从北京站始发，肩背手提了整整六大包行李，坐上了回乡的火车。六大包行李，还有提前寄回家的13箱书。除此之外，两手空空。就这样，我们夫妻两人开启了"惊世骇俗"的返乡创业之路。我们的返乡是一个爆炸性的新闻，迅速成为热议的话题，因为我们俩双双辞去了令人羡慕的工作。先生头顶着北京大学的光环，辞去北京大医院里的铁饭碗，回到乡村甘当一名民间中医。

2016年，站在30岁的十字路口，三十而立，立在哪里？我们思索了很久，最终决定要立在志向里，立在热爱之上。我们希望生命是一本书，书里有着跌宕起伏的故事，荡气回肠，久久回响。

回到乡村，我们立足各自专业，分别创办了赤玉中医和赤玉学堂。一边行医济世，一边推广乡村公益阅读。

就在刚刚返乡不久，我们的第一个孩子落户到妈妈温暖的宫殿里，生命的阅读因为孩子而翻开崭新的一页。

01 是灵珠还是魔丸（0到4岁）

怀胎十月，是以每晚睡前阅读来结束每一天的。爸爸每天陪伴在宝宝身边，给他读故事。这样甜蜜的陪伴在我即将临盆之前，突然中断了。因为职业生涯的重要考试，先生不得不在宝宝出生之前离开一段时间，甚至无法见证宝宝的出生。我还记得先生离开前，他轻轻摸着我的肚子，对宝宝说："你乖乖的，顺顺利利地出来，不要让妈妈痛哦。爸爸跟你说的话，都要记住呀。"

2016年10月11日，儿子空空顺利降生，母子平安。远在外地的先生，是第二天通过亲戚的报喜电话才得知儿子出生的消息的。那一天，也是他高分通过自己考试的日子。

空空一周岁两个月大，就会清晰表达了。不到两周岁，他会背的第一首诗，不是《静夜思》，不是《咏鹅》，而是孤篇盖全唐的《春江花月夜》，252字，从头到尾一字不差。当身边的朋友都惊叹空空是"灵童"时，我们深知，没有生来的天才，这无非是环境熏陶的结果。

在空空一周岁五个月大的时候，我们把自己家一楼收拾出来，每天晚上6点到6点半，招募附近的孩子和家长，一起来进行公益亲子经典诵读。空空坐在小婴儿床里旁听，后来可以坐在宝宝椅上做小同学。刚开始人不多，后来越来越多的爸爸妈妈带着孩子循声而来。时间久了，每天晚上6点钟的相约成了习惯，不论寒暑，风雨无阻，就连春节也只放假3天。大年初三，又在鞭炮声中开始了亲子诵读。这一读，就是1000天。1000天里，我们没有一天出去应酬，守在家里，相约6点钟。有时候要请客人到家里吃饭，就在一楼摆一张饭桌，客人都是听着读书声下饭的。我们一起读了《三字经》《百家姓》《千字文》《声律启蒙》《唐诗宋词选》《论语》。

当初从北京回来，很多朋友担心乡村的环境不好，以后孩子的教育是个问题。没有环境，自己就是环境。每晚的亲子诵读，就是我们给孩子创造的环境。很多人说我们大爱做公益，其实最受益的是自己。每天半小时，时间不长，日积月累，我们是最能坚持的一家。因为每晚6点读书的承诺，也让我们有了一份使命，感谢其他人的到来，成就了我们全家诵读日课的1000天。后来我把这个营造读书环境的方法分享给城里的朋友，他们虽然不像乡下每天晚上都有时间，但是也有人学着把周末用起来，相约周末家庭亲子读书聚会，建立家庭读书互动社群，每周几个家庭聚在一起，不再绞尽脑汁想着去哪儿吃喝玩乐，而是坐下来，开系列读书分享会，在周末休假时更能沉心静气，放松休闲。

赤玉学堂的名气越来越大，在这么好且令人羡慕的环境里，我们的孩子本应该成为标杆榜样,可现实中的发展往往不尽如人意。随着年纪的增长,空空从令人称赞的"灵童",变得越来越调皮顽劣。大家来到我们家都端坐读书,热烈地和老师互动,可是空空却仗着自己是"小地主",经常扰乱秩序,在桌子底下钻来钻去嬉戏。有时候气得我一通打骂,他横眉白眼流着眼泪,咬牙切齿恨恨地一字一句蹦着读,第二天又是重蹈覆辙。从前是灵珠,如今变魔丸?

02 光环父母的教育之痛(5到8岁)

随着我们返乡创业的事迹被媒体不断宣传,随着公益活动的影响越来越大,随着县市省乃至全国的荣誉越来越多,教育自己孩子的压力也越来越大,也逐渐体会到光环之痛。孩子已经被推到了大众的目光之下,享受着溢美之词的夸赞,从之前的中肯慢慢变成空泛的夸奖,后面到他一出现就是表扬和赞美。

"空空最棒最厉害!"

"空空是神童,我们哪能跟空空比?"

"空空都不用学,空空有这样的爸妈还愁读不好书吗?"

诸如此类的话,听起来让人好无奈。

别人家的孩子都是求关注,我家的孩子是求"别关注"。当所有人都认为空空很优秀,会表达能表现,会展示自我,而他却事事退缩,恨不得泯然众人。好几次电视台采访,记者很想采访他,但是他就是一个劲儿往后退,不情不愿不配合。后来奶奶都着急了,她说:"这么多孩子来咱们家读书,一个个都学得很好,就咱家空空不长进还后退,你还怎么教别人?"

那段时间我很焦虑。我付出了所有的业余时间来做亲子公益,想给孩子创造读书环境。可是不论是每晚的读书,还是周末的各种亲子活动,空空都是打不起精神,提不起兴头,拒绝配合我,各种和我对着干。一边听着大家对空空的夸赞,一边看着他玩世不恭、吊儿郎当的样子,我内心泛起一阵阵焦躁和恐慌。焦躁来自对现实的无力,我能教好别人家的孩子,对自己的孩子却一筹莫展。恐慌来自盛名之下对实际情况的忧心。我害怕孩子被捧杀,害怕他在光环之下失去内在的自我,更害怕他和父母渐行渐远。

那段时间,一想到这些,夜里辗转反侧,我失眠了。好几个夜晚,孩子睡后,我和先生深入沟通交流。过多的关注对空空不是一个好事,反而让他不能呼吸,不由自主地感到压抑。这些所谓的"盛名",以他目前的身心状况,是不能消化掉的,并且会给他带来负担。我们看似每天都在陪伴他,可实际上是和他越走越远。

经过几番思考,我决定改变现状,建立和空空之间专属的亲子沟通渠道。很多孩子都问过妈妈自己从哪儿来这个问题。我家的回答是:从彩虹王国跨过彩虹桥来。不擅长手工的我,用一上午做了一个漂亮的信箱,上面画着彩虹桥,一端是孩子,一端是妈妈。等空空睡后,我把信箱挂在门上,并且郑重其事地给他写了一封简短的信,装进漂亮的信封，投进信箱里。

空空识字还不多，我的信很简短，有时配一些简单的简笔画。第一封信就是短短五个字：你好呀，空空。我记得那天早上空空一醒来，爸爸就神秘地告诉他，他有自己专属的信箱了，让他赶紧去取信。空空顾不得穿袜子就跳起来，拧开小锁，打开信箱门，真的有一封信静静地躺在那里呢！他迫不及待打开读，五个简单的字都认识，他轻轻读着："你好呀，空空。"小脸上惊喜兴奋得微微荡漾着一丝害羞。

从此以后，空空每天早起都会第一时间冲出去取信。短短的一封信，成了我们母子畅快沟通、互相吐露心意的纽带。每次读完信，空空都会靠在我的怀里，和我说很多话。他从小表达能力就很强，读完信，就信里提到的事情，滔滔不绝地说上一大堆的话。

空空：

你好。今天我们第一次画湿水彩。你的粉色小猪真漂亮。谢谢你送给我呀，妈妈乐得睡觉都会笑。

妈妈写

2020.5.15

那时候我们正在学甲骨文，我写信时也会配上甲骨文。

写信寄信收信，成了我和空空心照不宣的约定。有时候忘记写，空空就会提醒我。有时候他早早自己上床睡觉，就是要给妈妈留写信的时间。还有的时候，我们把积攒的信件拿出来一封一封地回味。我写的信，随着空空年纪的增长，越来越长，越来越深入。

在无纸化的电子时代，文字的表达，却更能弥补沟通的空白，更能敞开心扉看得见，给情感释放提供空间。一封小小的信，是我修复亲子关系的彩虹桥。展开信笺，相信文字的力量，见字如心。

03 各自成长，高峰相见

2023年年初，第二个儿子有有出生了。空空和有有兄弟俩，是我们此生最珍贵的礼物。面对两个孩子，我们也深深知道，父母的奋力托举除了精神高度，也需要物质基础。到2025年，回乡已经9年了。9年间，我们完成了回乡重新扎根和立足乡村向外发展两个事业阶段。

从2024年开始，我们过起了一半一半的生活，一半工作在城市，一半生活在乡村。我从生孩子养育孩子的阶段，进入独立事业阶段。刚开始，我经历了像生孩子一般的阵痛。整整8年时间，我都是处于辅助先生，陪伴孩子的家庭模式，公益事业相对也没有压力，随心所欲。现在要独立地去带领并管理团队，出效率有业绩，一下子难以适应。我曾经不止在一个场合分享我的内心状态，当时我窘迫恐惧到在城里坐地铁都心慌。回到乡村需要勇气，走出停留了8年的舒适区，更需要勇气和魄力，人生就是在不断打破中熠熠生辉。

生完老二，整整一年里，我都在做心理建设，特别感谢先生在我身边不断地给予鼓励和支持。不论我做什么，他都从来不吝啬赞美欣赏之词，给足我信心和安全感。结婚10年，蓦然发现，人生遇到对的另一半，脱胎换骨。有了先生做坚强后盾，我放下所有的顾虑和担心，两眼一闭，逼自己一把，把自己推出去，就去做吧！太多东西需要学习，太多功课落下了，于是我开启了疯狂输入模式。不同的是，我以输出倒逼输入。自己想学会什么，第一时间不是去看书学习，而是去给自己订讲课时间。以这个讲课时间，倒逼自己快速地输入，这时候阅读效率就大大提升了。我用了2024年整整一年的时间在讲课，讲到让别人听得懂学得会。有时就是一对一讲，一对多讲，就是这样抓住一切机会不断练习讲课，直到登上千人大讲台。我给自己定下一个又一个目标，说出来的目标更容易实现！

与此同时，2024年，儿子空空已是少年。少年时期，不像婴儿期、儿童期需要妈妈时时刻刻的照顾，他的生活半径扩大了，有了老师、同学和朋友。他也带着内心的渴求，一头扎进知识的海洋，去尽情地享受世界的广大无边。这时候，他更需要自我空间来成长、社交、经历、沉淀。我和儿子一起规划了他每学期的主要目标，带着清晰的目标，落实到每一天，宽为限，紧用功，功夫到，滞塞通。

老二有有，正是咿呀学语、蹒跚学步的年纪。每个孩子都有自己的生命节奏，有有爱扔书，爱撕书。面对懵懂的有有，我们戏称这是"读书破万卷"。感谢有有，让我们再找回无价的童心。

少年空空，已经具备思考能力。一个周末，我和他在湖边咖啡馆看日落，我们都很珍惜宝贵的周末时光。因为过了周末，我要工作，他要上学。我们边喝咖啡边聊：

每个人在各自的生命阶段有不同的目标和方向。

胆怯、拖沓、偷懒、任性……都是无形的绳索把双脚绑得死死的，不得动弹。

我们都想要生活中那一份自由。自律的人生才会自由，勇敢的人生才会自由，勤奋的人生才会自由。

分开的时候，各自向上。相守的时候，彼此看见。

孩子，让我们各自成长，高峰相见！

不同的阶段有不同的收获，生命的阅读显然比任何虚构的小说都更加精彩。我感谢父母，感谢先生，感谢孩子，更感谢自己。从大城市到小乡村，从小乡村再走向全国。从2016青春作伴好还乡，再到2025一起向未来。生命的阅读打破重塑，再打破再重塑，这赋予我们前所未有的人生底气。此生相伴，阅读生命，愿每一个家庭都因阅读越来越好！

阅读的螺旋桨，
让我的人生再次起航

胡斐飞Selene

毕业于上海交通大学国际经济与贸易专业
《改变的勇气》联合作者
上海荆迈网络科技有限公司（汽配行业）社媒运营负责人
高级互联网营销实战专家，公域流量获客教练
弘丹写作7年SVIP会员和合伙人，读书博主至今6年

我是胡斐飞，出生于上海黄浦区，爸爸是港务局里老实的普通海员，妈妈是纺织工，被迫下岗后成为一名冒险家。他们都出生于普通家庭，在那个年代都努力上进，要好好读书。也正是通过好好读书，爸爸通过了一次又一次的考试，成为优秀的船务工人。妈妈通过冒险给我提供更好的生活水平：卖过冰棍，摆过摊，通过考试进入了保险行业，拥有强大敢闯的精神。

每个人都有自己的人生故事，时间转眼间过得真快，我参加工作已经11年了。小时候我也畅想拥有自己的梦想，现实生活的方向盘却不在自己手中。直到工作后，我才真正开启属于自己的航海之旅。这一路走来，我意识到阅读是成长唯一的阶梯。

01 从迷茫到清醒：我在书架上找到了生活的方式

在启蒙的时候，母亲婷姐为我打造了一个藏书丰富的书柜，这是她对我成长的期待。记忆中收到的第一套彩绘故事册，是关于中国古典故事的。我很喜欢翻阅，碰到不懂的就会问为什么，我会追着爸爸妈妈问，总是追问到他们面对面发呆，以至于最后爸爸给我买了一套《十万个为什么》，让我自己在书里面找答案。只要有空，我就喜欢翻阅里面的小故事。我对这个世界充满了好奇，一次又一次冒险，去寻找不同的宝藏。

上学后感到不适应，觉得家、学习和生活是3个不同的世界。我害怕未知的挑战，不清楚自己的目的地。大人都说：没关系，条条大路通罗马。翻转着地球仪，找到罗马。我觉得：罗马就在这里，那和我有什么关系呢？我要去哪里呢？我要走自己的路。小小的我对待未知的生活充满着恐惧，怕自己行差踏错，担心自己做得不好。为自己到底要去哪里而迷茫。我不知道自己的路在哪里，周围的人都知道自己想要干什么。我实在不知道自己想做什么，就这样度过了九年制义务教育，完成了父母期望的大学毕业。每天却不知道为何忙碌，为何奋斗。

罗翔老师曾说：我们要做个勇敢的人，就是因为不知道要做什么，就更要在不断行动中去寻找属于自己的路。一开始我还不明白这话是什么意思。但我从来没有放弃希望，后来我在写作班中终于明白，勇敢是多么美好的品质。因为工作的关系，我接触了公众号文案，2020年因缘分认识了弘丹老师，进入弘丹零基础写作班，就这样我开启了自己的自媒体发展旅程。在基础班1个月后我就通过新媒体文案的方式在公众号上稿。这在我心里种下了一颗种子。

我意识到需要重新养育自己一遍。我开始有意识地培育自己的精神世界，自己通过阅读锤炼自己的精神的时候，似乎在和作者沟通。《人生只有一件事》非常启发我，这本书我阅读了不下30遍，每次都有不一样的感悟。好好认识自己是这本书里的第一课，我是谁呢？我们并非不知道自己是怎样的人。生而为人，我们到底该做什么呢？我们活在当下，做我们想做的事情，就很幸福了。这本书启发了我，只要过好每一天，做的每一件事情是我们自己想做的，我们就走在自己的航线上。我想没有比现在更幸福的了。

阅读完《爱的五种语言》后，我想起弘丹老师曾说：我们为爱而活，爱是家庭的牵绊，是因为爱我们才在一起，因为爱我们才有了责任。明白这一点后我终于醒悟：开始和家人好好说话，扛起了家庭责任，把自己变好，带动身边人。只有当自己变得更好，才能影响身边人，别人也会变得更好。在经过一系列事件后，带给我最大的改变还是阅读，是写作让我爱上了阅读。阅读成为我人生重要的部分。如果没有阅读，我可能不会走出迷茫。我希望自己能为社会做些贡献。就这样，结合阅读，我开启了自己的自媒体事业。

02 接受自己的不完美，人生在阅读中重新起航

弘丹老师说：我们要接受自己的不完美，才能勇敢地前行。我开始增强自己的自信心：每天坚持运动。虽然不起眼，但是当我达到目标后，我才觉得原来我可以做到。我阅读了《人生只有一件事》后才明白，原来我太在乎别人的眼光了，太久没有好好关注自己了。无论怎样，我们都应该过自己的生活，走自己的人生之路，而不是作秀给

别人看。只有承认自己的失败，我们才能勇敢地走出新的道路。

我不太愿意承认自己错了，可能是因为接受不了自己的不完美。所以不太勇敢，不敢承担责任，害怕不好的结果。幸运的是，我上了弘丹老师的写作课。在学习过程中，老师总是鼓励我说：你很棒，你要看到自己的闪光点。每日高能量打卡中，有一句话触动了我的神经，"无论怎样的自己，我都能接受。"之后将近两年时间，我天天把这句话挂在嘴边，我为什么这么在意别人的看法呢？我怎么把日子过成这样了呢？这是我的人生，每一天都是那么宝贵。我想过什么样的生活，由自己决定。

2024年春节前，弘丹老师说：如果我们有什么解决不了的问题，总有一本书可以帮我们找到答案。我太惊讶了，我怎么就没想到呢？心底有个声音说尝试下吧，于是下单买了《快乐算法》，春节宅在家里，啃这本晦涩的书。我在《快乐算法》中找到了使自己快乐的方法。我迫不及待地写下了我的感悟、从书中找到的方法，以及行动清单。当我把这份喜悦分享给社群里的小伙伴后，很多朋友都私信我，肯定了我写的内容。弘丹老师也肯定了我写的内容，并且鼓励我修改一下，去投稿。

因为平时阅读书籍后我会写下很多干货内容，也喜欢分享给和我一样对生活迷茫的小伙伴。所以我的粉丝越来越多，为了不辜负朋友们的期待，我就更努力地去做爆款内容。很多朋友看过我的内容后表示喜欢，觉得很有意义。我也非常感恩大家对我的肯定，这样我就更有信心去做一个对社会有贡献，能照亮他人的人。

03 阅读的螺旋桨带我穿越迷雾，成为读书博主

多年工作后，我始终为自己留着一墙的书而庆幸。想富养自己，唯有阅读经典。撒贝宁说过这样一段话：不读书的我活得简单开心。当我读到一定的程度，我看到的境界会完全不一样，当我处在中间的阶段，越读越困惑，越读问题越多的时候，因为我正在朝更高的方向进步。

37岁，我重拾阅读和写作，扎根社媒运营学习，利用清晨的时间阅读和创作，定期更新自媒体平台，积极学习新媒体运营和新课程知识，尝试探索新的领域，不断丰富自己的生活，为自己赋能。

我是如何成为一个读书博主的呢？其实，想成为读书博主不难，只要有分享欲，有利他人的心，每个人都可以拥有自己的自媒体。矩阵账号就是多平台运营账号。我是一个喜欢思考，执行力强的人，在我成长的过程中，我投入大量的时间去阅读书籍，跟着优秀人学习。同时，我也愿意把学到的知识运用到我的工作、生活中，渐渐地，我对工作、生活有了不同的理解。

我每天清晨抽出时间阅读和写作，为了得到成长，也为了积累文案，我很早就跟随弘丹老师学习，上了老师的各种课程。小红书文案、公众号文章、抖音和视频号的内容创作我都运营。也越来越明白

做好内容更重要,如何做出爆款内容成了当下我的唯一目标。

今年我果断抓住了机会,报名了弘丹老师主办的畅销书写作培训班,我重新审视了自己,决定用另一个身份叙述自己的故事。这事情虽然很难,但是我体验后感觉意义非凡,经过过去几年的研习,我开始相信自己。未来,我将更加坚定地走下去,去完成自己的作品。

破茧成蝶：
一位晚熟母亲的教育奇迹

米昕

高级家庭教育师
英语学习规划师
用陪伴当课本的妈妈

身为80后在农村长大的孩子，记忆里总萦绕着开学季的焦虑——父母攥着皱巴巴的纸币去教务处时，那声微不可闻的叹息。年少时以为打工是困境的解药，没想到却在社会的迷宫里碰得满脸灰，背负上债务，内心急躁、迷茫，时常感到重压……直到那个小生命的降临，才让我在混沌中寻得了救赎的希望。

01 蝴蝶的觉醒

二孩产假结束后的黄昏，5岁的可可举着画满星星的英语本跑来："妈妈，butterfly怎么读？"我沉默了许久，高中毕业18年后，我的英语拼读能力早已荒废。这让我意识到如何辅导并教育孩子成了个问题，但促使我努力学习的契机很快来到。

上高三的侄女依依的父母远在异地务工，这使得她在成长过程中缺失了一些教育，我得知她在家有一回将书包砸向衣柜嘶吼"考不上大学我就去死"，手臂上还布满抓痕。

每到周末，她便会来我家。在与依依的相处中，我渐渐发觉，自己的心智晚熟同样是缺乏良好教育所致，总是忽视问题存在也不是长久之计。于是，为了能给予依依精心的教育与温暖的陪伴，也为日后自己孩子的成长做好充分准备，我努力学习家庭问题的处理方法，并成功考取了家庭教育指导师证书。

耗时三个夜晚，我制定家庭能量场改造计划。我还采用了"一个月记录"的方法，设计活动，来观察孩子们表现出的问题；组织家庭成员对话，来观察并记录孩子们的智能特点，确定孩子们的优势智能。在这基础上，我能够为孩子创造"增值"空间，而非盲目与其他人比较。因我深知不同孩子有各自独特的智能结构，在同一维度上比较是无意义。

每个孩子都是独立的个体，有时我们作为家长需要跳出主观立场，以局外人的视角科学了解孩子的心理世界，这是缓解教育焦虑的重要基础。

02 泥坑育儿经济学

依依出现厌学问题，原因在于她在宿舍打扫卫生不够细致，导致集体被扣分，与同学发生争吵进而打起了架。有同学邀她一起玩，她拒绝后遭到了孤立。我理解孩子的感受，并进行了有效的沟通。针对此事，我的处理方法如下。

我是先从吃的开始安排了她爱吃的排骨，因为她是个"吃货"；然后选择放松的时间，在去超市买裙子回来的路上，用开放式的心态开启对话。

我贴近她微笑着问："上次校服有裂口，手臂有抓痕是怎么回事呀？可以和姑姑聊聊吗？被同学孤立一定很难过，要是姑姑遇到这种事也会很伤心的，因为我以前在学校也遇到过。"

我分享了我的过去，接着说："卫生习惯是可以改进的，技能学习上的问题不代表你整个人不好。咱们共同制作宿舍值日表，从简单任务细分，卫生上的事情你要积极认真仔细一些。"

"还有拒绝邀约是你的权利，真正的朋友会尊重你的选择。如果下次同学叫你去玩，你不想去，可以试着说这次先不去了，周末再约。有些时候不需要你去讨好朋友，做好自己也能够吸引志同道合的朋友。"

为了让她和同学拉近距离，我还特意买了些零食带去宿舍分享。

我们作为家长，要先认同孩子，最好不要一上来就是一通指责：为什么别人就针对你？这点小事至于吗？你搞好卫生人家就自然理你了。

依依的性格有点孤僻，在家和我先生有时也是说不到两句话就吵嘴。我深知想要有好的家庭氛围以及解决她的问题，单靠一个人的力量是远远不够的，于是我又做了份情感升温计划。

周六清晨煎鸡蛋时，老张和依依仍像陌生人。我拍板全家去飞凤山骑车，把修车工具塞给依依，说："你俩走西线。"

东线树影斑驳，可可追着松鼠十分开心。西线突然传来金属撞击声，肯定是车坏了，老张又在训斥："扳手不是这么用的！"暴雨骤至时，我搂着可可往山下冲。依依和老张还在抢扳手，中间不知怎么，跆拳道黑带的依依把散打冠军的老张撂进泥坑，两人滚作一团，双方看着对方沾泥的睫毛和门牙，突然笑出声。

老张用撕碎的衬衫给依依包扎膝盖，推车下山时，生锈的铃铛从工具包掉出，内圈刻着我和老张的名字。雨停后，依依把齿轮别针别在校服上，老张默默地往她姜汤里添了勺红糖。

周末的家庭户外时光，也是孩子们亲近自然的好时候。平日里忙碌的我，得以在一旁悠然放空。看着孩子们欢声笑语，满身的疲惫也在不知不觉间烟消云散。当我翻开那本记录着家庭教育师案例的备课笔记时，才惊觉发现自己已深深爱上了这份事业。教育，恰似守望一颗种子的生长。

03 铃铛英语爆破术，一年时间培养孩子英语口语

有一天看到一篇每日摘文：小学学霸都是规划出来的，先搞定英语，普通家庭普通娃，如何培养一个后劲十足的孩子？如果父母没有很强的辅导能力，孩子小学阶段，你就把重心放到英语上准没错。英语是唯一一个在小学阶段就能与别人拉开巨大距离的科目！不要一会儿觉得语文重要，又一会儿觉得数学重要，抓不住重点。

阅读此文后，我便四处寻找学习资源，决定为5岁的可可开启英语启蒙教育。我借助工具并运用一套行之有效的方法，仅仅一年时

间,就使她能够流畅地说英语了。接下来,我和大家分享一下英语这门语言的底层逻辑。

学英语只有一种正确方法,那就是母语者的学习方法,即主动创造英语环境。没有解决听说,就直接从阅读开始是很难的,听说读写首先是听,听了才能开口说,然后是自主阅读,最后是写作。

听的过程注定是沉默的,孩子需要专注学习语言。可以看动画片,听儿歌大量地输入,大量地重复,另一方面人和人的直接对话也是一样的,学习效率很高。

说,这和我们学习母语的过程类似:先是大量听,听得多了之后开口说,接着识字,再到阅读。识字之后,孩子就不再是文盲,而是成了一个能够阅读的读者,接下来就是识字多少的问题了。

自然拼读。那些在中文里识字多的孩子,一定是听到过很多词,一旦学会拼音,他就能认识很多词了。比如,有的孩子只会说"我在剪纸",等他学拼音时就会发现:哦,原来"剪纸"是这样写的。所以,他听到多少个字,就能拼出多少个词。他接触的词汇多,也就能认出这些高级词汇,这依然归功于听对阅读能力的影响。英文也是一样的,孩子听得多了,一学自然拼读,就能迅速增加识字量,所以听还是很重要的。

自主阅读。能认识那么多单词之后,就实现自主阅读了。孩子可以通过阅读获取新知识,再把这些知识应用到其他学科。

写作。自主阅读之后孩子就要开始写作了,总之一定要明白一点，语言的底层逻辑就一句话，输入量决定输出。

输入量根本就不能光靠机构或者是学校课堂来完成，输入靠的是家庭输出。家是学习的好地方。

自从那晚飞凤山归来，我将那生锈的自行车铃铛用绳穿起，挂于窗边。每日清晨六点，铃铛在晨风中轻响，这便是可可开启英语学习的信号。她会打开播放机，聆听欢快的儿歌。我们自创的"365天英语生活计划"就此启动，每日学习3小时。冰箱上贴满了周计划表，就连烧水壶上也贴着"boil（沸腾）"的标签。

04 养育型家庭创富

一年后的一天，老张突然接到一笔大订单，缓解了我们的资金压力。这真应了那句话：家和万事兴，财源自然来。依依在周末回家时商量，下周末打算带同学回家举办生日会。平日里，两姐妹采用正确的英语学习方法，坚持用英语交流。仅仅过去一年时间，她们的英语口语便取得很大的进步，如今可可和依依都能够流利地用英语对话了。

当依依领着曾与自己闹过矛盾的同学出现在生日会上时，窗外那扇生锈的铃铛恰好被风吹响。依依妈拿着个包装很精美的礼盒递到我手上，眼睛泛着泪花，不停地感谢我。

生日会上，可可欢快地蹦上茶几，用英语生动地说起《猫和老鼠》里的台词，她那夸张的模样，引得全场宾客捧腹大笑。

依依的英语老师手持录像的手机，满脸惊叹地说道："零基础学了一年，就能用全英文讲故事？"紧接着，她转过头来好奇地问我怎么做到的，我微笑着指向墙上那有些褪色的"365天英语计划表"。此时，厨房飘来老张跑调的生日歌声，他正端着蛋糕走来。

卢梭在《爱弥儿》中写道："最好的教育就是无所作为的教育：学生看不到教育的发生，却实实在在地影响着他们的心灵，帮助他们发挥了潜能，这才是天底下最好的教育。"

回首往日，最初怀揣着教育好依依和可可的心理，在不断学习中，我找到了自己的热爱，并将它发展为事业，实现了自我成就。事实上，真正决定孩子未来能走多远的，并非名校的光环，而是家庭给予的温暖和父母的智慧。

家就是学习的好地方，保持情绪稳定，夫妻关系和睦，可以给孩子安全与幸福感。要信任孩子的能力，有时要尊重他们的想法和选择。

注重沟通方式也十分重要，以温柔、真诚且尊重的态度进行语言交流，能让家庭充满理解与情感连接，孩子也会从中学会积极有效的沟通技巧。

愿我们都能保持好奇心、热衷于学习并营造陪伴阅读的氛围，让孩子能在有爱中成长。

陪孩子终身阅读

黄春莲

中学教师

如果送一份礼物给孩子，我会培养她阅读的习惯。

我是一名18线小县城的中学教师，从小生活在农村，祖辈都在土里刨食。虽然我的家境没有为我提供好的经济条件，但阅读却一直伴随着我。

命运的齿轮发生在2019年8月，我被查出患有乳腺癌，放化疗期间，我有时间沉下心来享受阅读的乐趣。在那段时间里我能静下心来慢慢体会文字带给我的温暖，仿佛有一个感同身受的人与我同行，我意识到我不是病人，而是正常人。我可以跟随他的视角去到天涯海角，也可以跟随他的经历去体验生活。在我人生的黑暗时刻，是阅读带给我身心快乐，阅读是我药物治疗后的甜点，也是我留给孩子的礼物。

01 陪伴孩子，养成阅读习惯

女儿彤彤今年8岁，上小学二年级，酷爱漫画，最近正在看《历史是一群喵》。每天最大的愿望是能看半个小时的课外书。在我们家看书是要定时的，因为作业实在是很紧凑，每天6点到家，第一件事就是学英语30分钟，然后弹钢琴10分钟，晚饭后完成学校作业。做完所有的任务，大概9点钟的样子，马上就得洗漱上床了。每次洗脚的时候，孩子总是期盼我能让她边洗脚边看书，对于这个请求，我一开始是欣然答应，后面发现洗个脚就要半小时，睡觉的时间又往后延了。于是，我们约定好，洗完脚后就可以在床上看书。

有时候她躺在床上就不想动了，但要求还挺多，要我给她念故事。虽然我自己那个时间点也是非常疲惫的，连说话的力气都没有，甚至还有工作没完成。但转念一想，为了孩子，为了培养她的阅读好习惯，我答应给她讲故事。有一次她听说我们县的图书馆有《老鼠记者》这套书，就央求我带她去借阅。我们在小小的图书馆里整整待了4个小时，眼睛直勾勾地盯着书名，一排一排地寻找。我们县的图书馆不大，没有自助寻找位置的功能。所幸，最后我们找到了3本。带着这3本书，她满心欢喜地回家了。由于借书超出时间要另外计费，她心里始终惦记着这些借来的书什么时候归还，因此，她看书的速度很快，专注力好，沉浸在自己的书海里，就算喊她，也没听见。这个时候，我不去打扰她，把时间交给闹钟。

这不禁让我想到我小时候要是也能在图书馆借书看该多好啊！那个时候进一趟县城都是一种奢侈，只有逢年过节走亲戚才来一次县城。我记得我的第一本书是我六年级的时候，央求爷爷在新华书店给我买的作文书，我还记得他那布满皱纹，动作有些僵硬的手在裤兜里掏了许久。即使家里并不富裕，但是爷爷在教育上却舍得付出。我不禁联想到：我不正是在做着和爷爷一样的事情吗？

02 陷入低谷，阅读改变人生

我工作之后几乎没有时间去读书了，那时候刚从大学毕业，心怀梦想，希望把青春献给教育事业，于是我担任班主任。我们学校是寄宿制学校，每天从睁眼到晚上睡觉，几乎所有的时间都用在学生身上，心里想着学生有没有认真学，任务有没有落实，突发事情要怎么处理。我总被事情牵着走，一会儿处理事务，一会儿要搞教学，一会儿要交表格，我没有自己可控的时间，就更别说读书了。

直到我生了那场大病，在治疗的日子里，除了跑医院就是在家里。化疗的那几天我滴水不进，强烈的呕吐反应使我不能吃下任何东西，但我心里清楚熬过这几天，就是我自由的时候。不知道为什么，那段日子我的心很静，可能是专心养病的原因，我能沉下心来。

治疗时间漫长，不得不找点生活的乐趣。我开始看综艺节目，把之前没追过的剧从头看一遍，可是这些并没有让我感到真正的快乐。就在我翻看微信读书里保存了很久却一直没有阅读的书籍——稻稼的《美好人生运营指南》时，我才羞愧于自己乱七八糟的生活。如果有风险意识，那么就会给自己买份保险；如果有理财意识，就会从第一份薪水开始健康理财。此外，还有许多的认知是我从来没有听说的。

我当时很后悔，要是我多读书，早点遇到这本书该多好。好在我转念一想，什么时候学习都不晚，从现在起我要把我学到的知识，传给我的孩子，或者培养她阅读的习惯。

6岁之前不仅是孩子大脑发育的黄金期，也是奠定一生习性的关键期。那个时候女儿才3岁，由于半年的时间在重庆治病，没有时间陪伴她，我希望能弥补母亲的缺失带给她的不安全感。

我尽量陪她玩耍，玩累了我就坐在书桌旁，拿起昨天还没看完的书接着看。女儿时常来到我跟前，看见我看书，她也有模有样地拿本书看，时而若有所思，时而翻动书页，看到孩子在认真看书，我不禁感慨这就是"言传身教"。如果我拿起的不是书而是手机，那么孩子也会跟我抢着手机看动画片。

之前，我们家会定20分钟的闹钟看《小猪佩奇》，时间一到就关电视，这样一来，孩子会要求好几个20分钟。后来如果她没有事做，我就提议一起去看书，她的第一句话就是"妈妈你给我讲故事"。

03 培养阅读习惯，从讲故事开始

培养阅读习惯是从讲童话故事开始的。既然女儿开口希望我给她讲故事，那我一定要趁热打铁，我们在书店选了两本图文并茂，故事短、文字较大的故事书。因为是我给她读故事，她非常喜欢，同一个故事几乎要讲七八遍，我几乎崩溃了，对于故事内容我已经滚瓜烂熟，甚至觉得老掉牙。但是女儿就是要我一遍又一遍地讲，直到某天她也能独立讲出来，我不禁赞叹孩子的记性好，虽然不识字，但是每个字的读音都是正确的。后来我了解到这就是小童的常同行为，喜欢反复观看、聆听某一个故事。一个大胆的想法开始在我脑海中萌芽。

既然她愿意反复看、反复听，那我们就开启《唐诗三百首》的学习之旅。我对她的要求不高，只要会背就行，哪怕你望着天书背出来，我都给你100分。我在网上找了一份小学必背的古诗，共有158首，然后为每一首古诗设置遗忘曲线，每隔一段时间就要重新温习。按照每天的任务，幼儿园放学回家，我就开始一遍一遍地教她，有时候她不耐烦，我们就商量好先读5遍，再试试能不能背诵。小孩子的记忆力真的很强，其实要不了多久就可以记下来，即使很拗口的古诗，只要多读，不出两三天也能背下来。

如果从小打好地基，将来的学习就是回忆式学习，对于内容自然很熟悉，现在学校里的古诗文基本读几遍就会了，她说她是班上第一个背完的。

04 与阅读相伴，与智慧同行

与好友野餐，我会带一两本书，彤彤在朋友面前很自然地阅读，接受她们的赞美，也不在意他人评论，一直沉浸在阅读的世界。朋友都说我把孩子培养得好，她们只是表面上看到孩子的阅读好习惯，并没有看到我们日复一日的坚持。现在我们开设了"共读30分钟""你讲我听""泡脚阅读"的活动，在阅读的道路上日益精进。

高鸿鹏老师说,旅行、做事、读书可以增长一个人的见识。相比之下,唯有读书性价比最高。读书长见识、涨智慧。这是我30岁经历人生低谷之后才明白的道理,我希望我的孩子从小就热爱阅读。与阅读相伴,与智慧同行,这是我努力在践行的事情。

如果你的孩子还在上小学,那么你有相对多的时间可以陪伴他。如果你还不知道陪她做什么,我的建议是阅读。

悦读人生 «

雨羽Claire

中英文阅读爱好者

旅居新加坡华侨

金融科技从业者,就职于基金公司

从事"理科"方面工作,却天生拥有"文科"的天赋和思维

在严谨理性的工作之余,通过阅读和世界、和自己保持链接

我的两段人生故事，一个发生在10多年前，一个发生在5年前。我曾经跟身边的朋友倾诉过一些，虽然从来没有写下来，但一直感觉终究会写下来的，就是现在了。就像冰心的一句话，写下来，"再回忆时不向心版上搜索了"。

01 风雨过后，总有晴天

10多年前，我和先生正满心欢喜地期待第一个孩子的出生，还希望这个孩子不会再和我一样是独生子女，我们打算要两个孩子。住在国外，可以自己找妇产科医生，我上网搜索了对几个大妇产医院医生的评价，最后自己选定了一位女医生。评价里的一句话特别触动我："她绝对是一位很冷静的医生。"我想，对一位女性来说，这更是难得的优点。

怀孕过程都很顺利，产检期间，大人和孩子都没有什么问题。到了最后几周，我还学着自己写了一个生产计划，里面有我想选择的生产方式，一些准备细节和流程预案等。我甚至自认为对疼痛的接受度比较高，还受孕产论坛里很多言论影响，一心想顺产。记得一位当了妈妈的朋友在我快临产时讨论到我这个意向，坦然地对我说："重要的是你和孩子最后都顺利健康。"最后几周时，孩子在我的肚子里好像不是特别活跃,我的这位医生提出打催产素催生。我本来还有所犹豫,她说不然可能孩子会有缺氧的隐患,就这样我们决定听她的建议了。

上午打完催产素,我还没什么感觉,因为一心想顺产,我还在我的待产房里一直走来走去,和来陪我的妈妈轻松愉快地聊着天,这样来回走了一下午。傍晚时因为身体状况几乎没有进展,于是又打了另外的催产素,谁知这是我噩梦的开始。疼痛排山倒海般袭来,是我从来没有经历过的不可忍受的程度,我试着做网上看到的缓解疼痛的姿势,但无济于事。那时我才意识到,疼痛忍耐程度能以意志为转移的想法,是再天真幼稚不过了。我换到另一个有护士更密切关注的待产房床上躺着,先生陪在身边,他试着帮我按摩,可疼痛程度让我脑海里出现了"人间炼狱"这个词。虽然我的生产计划里,希望晚一点才打麻醉,可计划在现实面前不堪一击。麻醉医师过来从我的脊椎里打了麻醉止痛剂,很快,疼痛烟消云散,我竟然舒服得睡着了。

第二天早上,醒来后我还一直在跟肚子里的宝宝喊话,希望他乖乖准备好,配合妈妈顺利出生,可是又事与愿违。医生告诉我,我的身体条件应该转成剖宫产。我的眼泪唰地流下来了,觉得对不起宝宝,觉得我计划准备好多个月,最后却付之一炬,心有不甘。医生又说,如果拖延,最后子宫可能像软豆腐一样都不好缝合。就这样我上了手术台,记得孩子出来后我抱了一下他,有种放心又说不出来的感觉。可是,之后我迷迷糊糊,时睡时醒,觉得一直很吵闹。再醒来,我已经在加护病房。原来我经历了术后大出血，危及生命。通过不计数量的输血和止血针，又重新开腹，结扎一个动脉血管，同时在子宫上做了像包粽子一样的缝合术（B-Lynch Suture），历经5个小时的手术才脱险。那之后恢复的过程无比艰辛，而支撑我的很大一个希望，是医生说的，下个孩子可以直接选择剖宫产，一年多以后就可以。但这仍然不是这段故事的结局。

这次剖宫产加大出血手术回家后，在虚弱痛苦中忍受了两个多月，然而伤口一直没有愈合。最后的定论是，还需要再做一次开腹修复手术。手术前一晚，我真以为这一关过不去了，想了很多，和先生交代了很多。幸运的是，这一次修复手术是成功的。我终于开始了真正的复健。然而，以后再生产的话风险极大。

回想这3个多月，其实在当今的医疗条件下，自己的皮肉之苦并不难忍受。最赫然的伤口，在心里。谁也不知道，医生的一系列决策是否一定程度上造成了这些后果。如果我多问另外一个医生的意见，如果我在另外的国家生产，可能我的人生会不一样。而且父母千里迢迢来到这里，本应该是家庭里最开心的事情，却看到我插满管子被推出来的情景，以致母亲潸然泪下；父亲自己在异国，几乎每天往返奔波于家里和医院，还收起自己的担心，和我谈话宽慰我。无辜的孩子自出生以来最初几十天，亲人无暇照顾，只有护士在全权看管，妈妈一次都没有亲自哺育；先生还要平复心情，继续工作之余，忙于处理巨额医药费、保险和身份文书。而我，拥有两个孩子的人生梦想计划被彻底打碎。

而且，为什么是我？

这是我人生中遇到的第一个大挫折，让我猛然醒悟，原来人生真的不是所有的事情都是可以被我掌控的。最终我从那一段绝望与困惑不解中慢慢走了出来，渐渐释然，在读书中被疗愈。10多年后的今天，我还记得那些在天光流转中，躺在床上读书的时光。英文、中文，散文、小说。《过得还不错的一年——我的快乐生活提案》《古董衣情缘》……几个月后，好像雨后初霁，突然意识到这一天的天朗风清，我找回了快乐。我又可以欣赏生活中的美好，变得更加感恩身边的人。

自然而然地，亲子共读也成为我和孩子幼年时最经常一起进行的活动。家里图文并茂的儿童书籍渐渐越来越多。印象最深刻的，有他两三岁时我们开始读的小熊系列。干净的画面，简单得不能再简单的文字，描绘的都是对大人来说再平常不过的事情。吃饭、上厕所、和朋友玩……和那只小熊一起慢慢开始对生活的点滴体验，仿佛也从孩子自己视角经历对这个新鲜的世界最初的好奇。后来经常看《卡梅利多》系列，一只法国的小雄鸡，和伙伴们一起遇到的各种各样惊险的故事，远远地超出我这样的大人早已被禁锢的想象力，还结合了很多文化经典。再大点，还有《神奇校车》，那些人物就像孩子幼儿园身边的老师同学，每个人都有个性又可爱。和他们一起经历的探险，乐趣非凡又可以接触到一些科学知识。

还记得孩子到了六七岁时,每天晚上睡觉前的最后一件事,都是自己找一本书出来翻一翻。我想那也是他一天结束时安静下来,和自己共处的时光。对我来说,亲子共读是繁忙工作生活之余,最放松最疗愈的事情。说起来,就连浏览、挑选、购买各种童书,都是那时生活里的一大乐趣。这样的时光,希望可以给孩子童年留下温暖快乐的回忆,也是孩子给我的童真的礼物。

02 浓雾中的光

5年前,一年初始,世界猝不及防地经历了一场罕见的全球范围大疫情。商业活动和亿万人的日常工作生活受到影响乃至静止和停滞。我也是和许许多多平凡人一样,困在家里工作长达一年之久,工作模式是全新的,不安和困顿的情绪潜移默化地影响着所有人。

那一年,也是我工作晋升进程中第一个关键节点。我仍然想延续前一年良好的势头,全力以赴,一举拿下那个我翘首以待的职位晋升。家里刚上小学的孩子的习惯培养和心理辅导,甚至都被我降低了优先级。我想着人生每个阶段有每个阶段的侧重点,一旦我拿下了这个晋升,等家庭经济条件更舒适稳固后,再回来多关注孩子也未尝不可。

然而也许是因为困在家里的小空间,也许是为了转移心里的担忧,早晨我很早就醒来开始工作;一天里,我一件事接着一件事地处理,想高效、完美地完成所有工作,这是对脑力和体力的双重挑战;我对自己严苛,也忽略了对同事甚至家人的体谅。我自己都没有意识到,对工作不合情理的高期待和追求,致使我早已不再是以前那个我。从某一天开始,我还是晚上累得倒头就睡,但总是在凌晨3点突然沮丧焦虑地醒过来,失眠到清晨。

不只我变了,人们难免都变了。工作中我很钦佩,也一直很欣赏支持我,合作无间的上司,也变得苛责而有失公允。那些苛责和不公平,让我更钻牛角尖般地只专注在工作的事情上。

到了秋季,上司给的年度职级评定里,尽管工作本身无懈可击,可我还是错失等了好几年的晋升机会,还评价我"有时会过于咄咄逼人,同事、后辈都反映过"。对我来说,那是巨大的打击。我对自己很失望,不应该不切实际地要求周围每个人都和我自己一样。我也没想到多年优秀的工作表现,付出的汗与泪,被这些阴影所覆盖。和我同级的熟悉的同事都顺利晋升了,他们的同情、可惜,让我更加羞愧和自怜。上司考察的原来不是员工的工作成果、动机、付出,而是个人偏好,这更使我的职位价值观走向崩塌。最让我懊恼不已的,是我忽视了对孩子的陪伴教育,对他幼小的心灵也造成了一些伤害。

随后的几个月仿佛一团沉重的浓雾,我是在交织着郁闷、愤怒、沉沦、迷茫、自责、自怜的复杂心境中度过的。而无论怎么困倦,失眠仍在持续。最心烦意乱的时候,眼睛掠过书中的字,却难以理解意思。然而我并没有放弃,阅读就像浓雾中被我抓住的那道光,慢慢地，我又可以顺利理解了，进而沉浸其中。我没有指定自己看哪种类型题材的书，也许只要是看书就行，我只想待在另外的时空中。凌晨3点醒来失眠的夜晚，我看了北欧作家弗雷德里克·巴克曼的小说，风格清冷，但感觉我被治愈了；看了经典文学《理智与情感》，我想找出自己在这两种情绪中的身影；也看了商业故事《鲸吞亿万》，当代小说如《人生海海》《南货店》，还有严歌苓和池莉的作品。平凡小人物的生活百态，或在时代惊涛骇浪里的人生历程都值得惊叹体悟。

到了那一年的年底，我欣喜地发现我不再失眠了。刚好，那时疫情形势好转，大家也可以出门活动了。在周末和休假时，我和先生带着孩子去了城市里不同的地方走走看看。我重拾了平和的心境，转变了一些执念。只要我还有书本陪伴，我就能保持阅读，获得自己的乐趣，进而对这个世界和自己都有更多一点的理解和同情。下一年，说不准就有在逆境中展现自己实力的机会，做更好一些的自己。

保持阅读，和自己、世界链接。

唯愿时光清浅，
陪你一路晴天

林婷

家庭教育指导师、心理咨询师、婚姻情感咨询师
潜能开发师、高级视力防控师、实体店主
两个孩子的妈妈、长期主义者

我从小就怀揣着一个写书的梦想，在收到《陪孩子终身阅读》联合作者专属海报的那一刻，我内心无比激动、喜悦、开心。

有那么一刻，我仿佛看到，我拿着出版的书，站在舞台上，分享这一路的收获；聚光灯亮眼，我走下舞台，一眼望见我的爱人，他站在人群最前面，给了我一个大大的拥抱，在我耳边说：你做到了！我靠在他的肩上，心中满是幸福和感恩。曾经一起在昏暗的灯光下畅谈写作梦想，这一刻具象化了！

心中不由自主地遐想，宛若回到过往时光，所思所想，跟着笔尖一路流淌。

01 暗室微光：孤独童年里的文字救赎

在多子女家庭的成长轨迹里，我的童年始终蒙着一层灰色滤镜。父亲常年在外奔波，归家时总带着暴躁的情绪，母亲则在无尽的隐忍中操持家务。这种压抑的家庭氛围，让我过早学会了察言观色，也在心底埋下了孤独的种子。寂静的午后，当巷口传来伙伴们嬉戏的喧闹声，我却只能将自己锁在狭小的房间里，翻开泛黄的书页——琼瑶笔下缠绵悱恻的爱情，简·爱对平等与尊严的执着追求，《平凡的世界》里黄土高原上永不熄灭的奋斗之火，都成为我逃离现实的精神出口。

那些无人倾听的心事，如同褪色的信笺，被小心翼翼地藏在旧书堆里。在同龄人追逐玩具与游戏的年纪，我却在文字构筑的世界里，完成了一次次自我对话。这种孤独的阅读体验，既是痛苦的避难所，也悄然塑造了我细腻的情感感知力与深刻的洞察力，为日后从事心理咨询工作埋下了伏笔。

02 命运折戟：体制内的困兽之斗

2008年，带着对未来的憧憬，我踏入铁道部直属事业单位。初入职场的我，如同春日新笋，充满干劲。工作中，我始终保持着细致认真的态度，待人真诚友善，很快成为单位里公认的优秀青年骨干。在同事们眼中，我是晋升干部的有力竞争者，而我也对自己的职业前景满怀期待。

然而，现实却给了我沉重一击。在每5年一次的干部竞聘中，尽管我的专业笔试成绩和面试成绩均名列前茅，但最终晋升名单上却不见我的名字。取而代之的，是一个平日里表现平平，却有着深厚背景的同事。得知真相的那一刻，愤怒、挫败与无助如潮水般涌来。我突然意识到，职场从来不是只靠努力就能畅通无阻的竞技场，人脉、背景等无形的枷锁，往往比个人能力更能决定命运的走向。

此后的日子里，我陷入了深深的自我怀疑与压抑中。尽管每年都能获得优秀员工、岗位标兵等荣誉，但始终无法突破工人岗位的桎桔。这种看不见尽头的职业困境，逐渐侵蚀着我的内心，让我在表面的平静下，积攒着无尽的负面情绪。

03 生命惊雷：病痛与新生的双重变奏

在职业困境的泥沼中挣扎时，我仓促步入了婚姻殿堂。原以为婚姻能成为治愈伤痛的良药，不料却迎来了更大的人生考验。一次应酬酒后，我突发疾病，紧急手术过后，医生告知我怀孕的概率微乎其微。这个消息如晴天霹雳，让我陷入了绝望的深渊。

天啊，我记得当时我整个人都是蒙的，我妈和我大姐坐在看护病床上，我妈握着我的手，心疼地看着我，然后轻轻地说了一句："你刚结婚，对方又是独生子，如果两年内没有孩子，那就离婚，别耽误人家。"狭小的病房里，我们三个女人围成一圈，都哭成了泪人。

每每回想起这一幕，我内心都无比心酸、无助。想起这一路走来，白班夜班轮转；吃饭时间毫无规律，有时候饿到胃痛才匆忙扒拉几口饭，有时又在酒局上被迫进食；上班时应对复杂的人际关系，下班后时常加班，应对各种紧急状况，隐忍、压抑、憋屈，百感交集。

也许是母亲的一念之善，或是上天的眷顾，命运总是在不经意间展现出它的戏剧性。没过多久，我竟然意外怀孕了。这个惊喜并没有带来想象中的喜悦，随之而来的是强烈的妊娠反应。怀孕3个月时，我的脸上、脖子上和身上长满了湿疹，奇痒难耐却不敢抓挠，夜晚更是因燥热而难以入眠。同时，早孕反应带来的头昏乏力，让我的情绪变得极其不稳定，一点小事就能让我爆发。

在这段黑暗的日子里，家人的爱成了照亮我生命的光。不善言辞的先生默默包揽了所有家务，变着法子逗我开心；婆婆精心准备每一顿饭菜，细心撇去汤面上的浮油。他们用行动告诉我，无论发生什么，我都不是孤身一人。更幸运的是，婆婆带我接触传统文化，诵读经典。从《论语》《大学》到《了凡四训》，这些古老的经典如涓涓细流，浸润着我的心灵，让我在浮躁中寻得一份宁静，在迷茫中找到前行的方向。

"修身齐家治国平天下""上善若水，水善利万物而不争""士不可以不弘毅，任重而道远"，在这时光的长河里，经典化为我生命中不可或缺的养分，融入我的血液，滋养着我，让我从懵懂走向心智成熟，内心愈加平和、强大，更包容，更有智慧。

04 破茧成蝶：从自我救赎到助人渡己

怀孕27周时，随着早孕反应渐渐退去，第一次明显感觉到胎动，内心的欣喜和激动难以言喻。我轻轻摸着圆滚滚的肚子，迫不及待向爱人分享这激动时刻。很凑巧，老公在感受胎动，耳朵贴着肚皮的时候，结果一个鼓包，宝宝一脚上来，吓了老公一跳，我们忍不住笑出声来。

孩子出生后,让我萌生了改变命运的勇气。我毅然辞去了稳定的工作,投身家庭教育和情感咨询行业,成为一名家庭教育指导师、心理咨询师和婚姻情感咨询师。

5年间,我接待过上百位来访者,他们中有的是被产后抑郁折磨的妈妈,有的是陷入厌学困境的青少年,还有的是在职场中迷失方向的倦怠者。每一个来访者,都带着满身的疲惫与迷茫,向我倾诉内心的苦楚。我深知,他们的痛苦,不仅是个人的困境,更是时代的缩影。

在陪伴来访者的过程中,我常常能从他们身上看到自己曾经的影子。那些压抑的情绪、对爱的渴望、对改变的期待,我感同身受。我用文字记录下他们的故事,用专业知识引导他们剖析问题,用真心倾听他们的心声。每一次咨询,都是一次心灵的对话;每一次帮助,都是一次爱的传递。看着来访者逐渐打开心扉,走出阴霾,我深刻体会到这份工作的意义与价值。

05 践行传承的经典,照亮人生坦途

家人的支持鼓励着我,让我在最无助的时候感受到来自家的温暖和亲人的依靠;经典犹如甘霖,润泽着我的精神世界,充实着我的灵魂。我笃定地相信,我值得拥有更好的未来。

践行传承的经典,我构建了幸福和谐的家庭,也成为社区邻里和

谐家庭的榜样,影响了越来越多的家庭在潜移默化中变得更加和谐美满。帮一对又一对年轻人重拾爱情,修复破碎的关系,携手奔赴美好的未来!

孩子出生不久,我惊喜地发现,每当我诵读经典的时候,她原本随意转动的眼眸,竟聚焦在我的脸上,同时挥动着小手,脸上的表情充满了喜悦和沉醉。只要我在她身边阅读经典,原本哭闹的她就会慢慢地安静下来,那一刻,我满心诧异:孩子,你一出生,阅读就让我们有了这份奇妙的默契。

从孤独的童年到梦想的实现,从自我救赎到助人渡己,我的人生故事,是一部关于爱与成长的叙事诗。《陪孩子终身阅读》,即将作为我送给10岁女儿的生日礼物,我将带着她用心读这本书。我要带着来自家庭的爱与力量,勇敢地奔赴未来。未来的日子里,我愿继续以爱为墨,写下更多温暖的故事,照亮更多人的生命旅程,让家庭成为梦想持续闪耀的永恒光源。

让亲子共读
成为家族永恒的传统

琳清

儿童阅读推广人
童书博主
倡导"有童书"的生活方式
倡导用阅读陪伴孩子成长

34岁,没有名校光环、财富与地位傍身,我的人生普普通通。我的儿子小树,三年级小学生,不是天才,也不是学霸。写这篇文章之前,我常常在键盘前徘徊,敲下的字又一一删除,心中满是惶恐:我有什么说服力去创作一篇值得出版的作品呢?

或许,每个人在面对自己第一部待出版的作品时,都会有这样的挣扎吧!

一个周六的下午,我和小树一起整理书架,忙活了好几个小时,他已经累得瘫在沙发上,却突然冒出一句:"妈妈,我们真的读了好多书啊!"这句话,如一束光,瞬间点亮了我内心的阴霾。

是啊!我们真的读了很多书!小树今年9岁,而我们共同阅读的时光已有8年。从他颤颤巍巍学步时起,我就开始给他读书。这8年里,我们挑战年阅千本,并连续两年成功达成目标。我陪着他一天天长大,一起学画画、打篮球,去过公园、游乐园、博物馆,做过许多事,但唯一不变的,是我们一直坚持一起读书的习惯。

01 每个孩子都可以爱上阅读

毫不避讳地说,我给小树读书的起心动念,并不"高洁"——为了能拍到一张我和孩子温馨地捧着一本书共读的照片,就是我最初的动力来源。当时的我，压根没想过，我会深深着迷，因此找到自己热爱的人生事业！

为了拍出理想的照片，我满心欢喜地买回绘本，把家里打扫得干干净净，还精心选好了拍照的角度。万事俱备，只欠拿起手机。我满怀期待地把绘本递给他，看着他坐在我怀里，伸手抓住书本。可下一秒，我的期待就落空了——他竟然把书扔了出去！

我叹了口气，把书捡回来，准备再来一次。可他又一次把书扔了出去！来来回回几次后，他开始上嘴咬书，好不容易从他手里把书救下来，他又来抢！"刺啦"一声，书页撕成了两半，我心灰意冷。

接下来好几天，我都没拍成那张温馨的读书照，我忍不住在心里给他贴上了"不爱看书"的标签，认为他一定是个不爱看书的小孩子。

再次让我燃起斗志和希望的转机，是我遇到了《幸福的种子》这本书。作者是被称为日本绘本之父的松居直先生。事后想来，这本书从某种意义上真的改变了我的人生。如果只能推荐一本书，给准妈妈或新手妈妈，《幸福的种子》一定是首选。

松居直先生和煦如风的文字，就像在我面前闲聊一般，娓娓道来。每次翻开这本书，我的心都会变得柔软。他重塑了我对亲子共读这件事的认知，让我明白：孩子小时候，父母给他读书，不是为了让他长大后成才，而是为了丰富亲子语言交流，而这是父母能给予孩子的最大财富。他还说，绘本的存在，是为了让孩子感到快乐，而不是让孩子正襟危坐地学习知识。

我这才意识到,不是我的孩子不爱书,是我误解了阅读这件事的本质,还非常自大地给他贴上了错误的标签。从那以后,我们的共读过程依然磕磕绊绊不断,小树还是吃书、扔书,但我的心态和做法全变了。我会自己拿着书,不管他爬到哪,手里玩什么,都大声读给他听。一旦发现他有反应、看向我,我就展示书中漂亮的内页给他看。渐渐地,他吃书、扔书的行为少了,从看一页就跑,到能看两页,几个月后,我们竟能读完整本绘本!而我,早就不执着于拍那张温馨的阅读照了。如今手机相册里,这样的照片数不胜数。

随着我对儿童阅读理论和儿童发展的深入学习,我开始帮助许多妈妈开启亲子阅读。要知道,给孩子读书的开始,一定是窘迫且失败的。对刚接触阅读的孩子来说,书籍和其他玩具没区别,摆弄几下就扔掉,看几秒就跑开,都是阅读能力发展初期的正常表现。孩子还没有感受到书本的乐趣,也不知道该如何和书本相处。所以,给孩子读书,怎么开始的根本不重要,重要的是我们持续做。

每个孩子都能爱上阅读,父母要将这一信念植入心底,把给孩子读书当作莫大的乐事。帮助孩子爱上阅读的最好方法,就是持续、大声地为他读有趣的书。无论孩子刚出生,还是4岁、10岁,今天,永远是开启共读的最好时机。

02 用共读开启高性价比的家庭教育

我常被身边人称赞,孩子被我带得很好;朋友育儿遇难题,总会先想到向我求助。她们疑惑,为什么感觉我毫不费力,而自己却总焦头烂额,疲惫不堪。其实,我没她们想得那么轻松。带娃充满挑战,成为妈妈后,我也在育儿路上不断跌倒又爬起。

但书籍是我心中的定心丸。那些育儿时的松弛感,正是源于持续陪孩子阅读带来的底气。

书籍搭建起成人与儿童世界的桥梁。当我们和孩子一起共读时,孩子能了解成人世界的规则,我们能读懂孩子世界的语言。我和小树共读上千本童书,从他牙牙学语到上学,这份养育自信不仅来自书籍本身,更来自我们相伴共读的时光。

用共读的方式,我们找到应对亲子冲突的方法。孩子看电视一集一集又一集,说好最后一集还有最后一集的情况,我们也经历过。绘本《生气的亚瑟》给了我们启发:亚瑟想看电视被拒很生气,妈妈则允许他生气。书中描绘了亚瑟生气引发雷电旋风、宇宙爆炸。此后,我明白孩子生气时,要像书中的妈妈一样允许他们表达情绪。我们还把"气得要把房顶掀了"当成暗号,替我们传达情绪感受的程度,不管是我还是小树,只要说出这句话,我们就能心领神会。

共读也帮助我们传递自己的想法。小树一年级时乱丢垃圾,我给他讲《鹈鹕与鹤》的故事。鹈鹕去鹤的家里做客,把糖撒了一地,饼干也吃光了,洒了牛奶还泰然自若。小树听后觉得鹈鹕搞笑,想到自己的行为,也不好意思地笑了。

书籍虽不总与我们的生活情景一致,却有神奇魔力。它可以变成孩子提前"预演"的话剧场,变成孩子随时发泄情绪的"任意门"。更重要的是,它会变成我们爱的"传声筒"。当孩子感觉自己是被爱的,他会更愿意跟你分享他的想法,而且他的内心也更认可自己、接纳自己。

好的家庭教育,不是看父母能否管住孩子,而是父母与孩子之间是否有沟通的渠道,是否有充分的交流时间。给孩子读书,正好提供了这样的沟通渠道,创造了交流的时间和空间。

很多伙伴担心自己不会讲故事,很害怕自己文采不好,不能给孩子很好的引导,迟迟不敢开始亲子阅读。其实,世界上最懂孩子的作家们,为孩子创作了那么多经典的好童书,就是在帮我们解决这些问题。只要我们会认字、愿意读给孩子听,孩子就能通过我们的声音听到世界。而且,我身边的很多朋友,都通过亲子共读培养起了自己的阅读兴趣,真是一举两得的大好事!

读书,是教育的最优投资。利用书籍这座桥梁,陪伴孩子阅读,是人人都可以做到的家庭教育法。

03 最美的亲子关系是和孩子共同成长

阅读的奇妙之处,在于你永远无法预料,在何时会邂逅哪一本书,它又能生发出怎样的力量,帮你穿越黑暗。

建立自己的小家庭之后,全职妈妈的身份让我深感无力,丧偶式育儿的困境更是让我崩溃,尤其在考研失败后,我陷入了深深的自我消耗。在一次给孩子读书时,我们一起读到了李欧·李奥尼的绘本《佩泽提诺》,读着读着我就泣不成声。故事中的小P,他总觉得自己是别人身上落下的一部分,他四处求证,却总被否认。最终,小P不小心将自己摔成无数碎片,这才发觉,原来自己也是由小小碎片组成!原来"我就是我自己"啊!

这个故事触碰到我内心深处的一部分!原来,我也一直在寻求外界的认同。从小希望自己拥有"好成绩""乖孩子"的标签,成年后又用财富、能力和社会地位来衡量自我价值。我始终向外探寻,忽略了自己内心的声音。而《佩泽提诺》让我明白,无论世界如何定义我,我的人生依旧充满无限可能,我是自由的。这份原本为孩子准备的精神食粮,却在无意间赋予了我力量。

推广儿童阅读是一条漫漫长路,我也曾多次陷入怀疑与迷茫。最初,家人和孩子对我所做的事情一无所知,但渐渐地,他们开始主动为我宣传,孩子也主动来帮我分享书籍。他知道我正在带动更多人加入亲子阅读的行列。一平方米的书桌，也可以创造无限价值。我们在彼此的成长轨迹上并肩前行，相互鼓励。这种亲子关系，正是我所向往和期盼的。此刻，我深知自己正走在正确的道路上。

比尔·盖茨在一次采访中说，"大声朗读是他们的家族传统"。他说："在我们家里，都是一代代通过身体力行，把家族里好的传统传给下一代，我们也是从我们的父母那里学到很多好品德，并努力把这些东西一代代延续。"

我在我的笔记本上默默地抄写下这句话：让亲子共读成为家族永恒的传统。

这一次，我要让这句话被更多人看见！

写到这里，我轻声问小树："以后你也会给你的宝宝读书吗？"

他毫不犹豫地回答："会啊！"

我满怀期许，愿从我们这一代开始，陪孩子读书能成为家族的一个传统，代代相传。让阅读不仅滋养孩子的童年，也照亮每一个家庭成员的心灵，成为每一个家族最宝贵的财富。

陪孩子终身阅读

张薇

演说者少儿口才创始人
学作舟读书会发起人
迷宫蓝共创书店产品负责人
从事教育行业 7 年

2025年4月27日，我独自坐在咖啡店，望着窗外透过树荫的阳光，闻着清晨的第一杯咖啡香，时光仿佛一下把我拉回到孩童时光。

那个时候我没想过自己会成为一个演讲口才全国加盟品牌的创始人，更没想过自己会开一家书店。毕竟对于一个出身平凡的普通人而言，这些看来都是"遥不可及"的梦想。

今年，我31岁。收获了很多荣誉、鲜花和掌声，也经历了许多不为人知的痛苦、焦虑和迷茫。当我回望以往，无论是个人成长、亲密关系、公司发展、儿童教育、世界探索……无一不是阅读帮助我一步步构建生活体系、丰富精神世界，这才让我有了对自我清晰的认识和对生活工作的深度觉知。

写下这篇文章，是我对自己的个人阅读总结，更是给所有孩子的一份特别礼物。愿我的经历可以给大家带来灵感与启发，在书本的影响下，让我们都做一个终生热爱阅读的人。

01 阅读：探索世间万物

2002年，在阿坝州做小生意的父母为了让我能有更好的教育环境，把我送回了眉山老家，跟随奶奶一起生活。没想到，过了两年奶奶就因病去世。考虑到家里的物质条件和教育都还不太丰富，父亲当机立断，找到了我当时的班主任，在和班主任沟通和请求下，父亲将我寄宿到了班主任家。

初到班主任家里，意识到寄人篱下的我感到局促不安。害怕做错事，害怕不讨喜，害怕成绩不好惹得老师生气……所以我努力用近乎"讨好"的方式来和班主任以及他的家里人相处。

某个周末的下午，班主任在客厅沙发上坐着，突然把我叫到他的面前去，他说了很多，但我只记下了那一句：一个人的自信和底气是由你骨子里的学识和看世界的眼光格局决定。如果现在你不知道如何成为这样的人，那你就先从阅读开始做起。

在那之后，班主任似乎是有意在客厅的茶几上和家里的书柜里堆满了各类书籍：名人传记、四大名著、世界地理……所以，严格意义上来讲，我打开世界大门的钥匙，就是从班主任客厅茶几上的众多书籍中的一本开始的。至于第一本打开的书是哪一本我早已不记得，但令我印象深刻的是，通过不同书本的阅读，在那个年少懵懂的时期我就对世界拥有了强烈的探索欲，对自己要成为什么样子的人也有了一个大概的方向。后来，随着书本越读越多，走过了不同的城市和国家，对于人生意义的终极三问：我是谁？我要去往哪里？我该如何去？我有了确切的答案。

曾听过这样一句话："脚步丈量不到的地方，文字可以；眼睛到不了的地方，文字可以；读书，就是哪怕你深陷泥泞，也依然可以仰望星空。"是的，如今，我成了一名教育工作者，面对诸多不同性格、不同背景、不同年龄的学生……我都不会感受到困顿和无措。因为，我找到了最佳解法，就是在阅读中找答案，将阅读带到每个孩子的学习生活中去。让阅读可以陪伴孩子终身的成长。

02 悦读：感悟成长喜悦

开始阅读是入门的第一步，而真正爱上阅读，享受阅读带来的"内啡肽"，要长期坚持才能感受得到。

从"阅读"到"悦读"的阶段，是我认为在成长之路经历阵痛后的体悟。为什么这么说？因为这也是我人生真切的感受。我从小就比较喜欢文字、喜欢沟通交流、喜欢表达自我……再加上本身性格活泼开朗、较为懂事的原因，受到了同学的喜欢和老师的重视。

同学们会主动跟我一块儿玩儿，遇到问题会让我帮忙想解决办法；我从小学到大学一直担任班长，初中课堂上同学们回答不出的问题，老师最后一定会让我起身回答；最夸张的是高三因为我选择艺考，必须从原来班级调整到另一个班级，当时的班主任在已有班长的情况下还宣布我为新的班长；大三我开始创业，进入教育行业就赚到了人生的第一桶金。有一段时间就连我自己都有"人生赢家"的错觉。

可是生活哪能事事顺心？更多时候都是一波三折、荆棘遍布。在我扬扬得意时，我的父亲在医院患癌重病，我与男友经历断崖式分手,那一段时间几乎每天都是以泪洗面,整个人跌入谷底,陷入无尽的黑暗。

都说谁痛苦谁改变,意识到自己必须振作以后,我开始持续不断地阅读,要知道,在这之前其实我已经许久没有拿起过书了。我开始如饥似渴地阅读一本又一本关于情感、关于别离、关于人生方向、关于希望梦想等书籍,期待能够在里面找到答案。

现在看来,我的决定无比明智。因为阅读,我主动结束了内耗的感情,调整心态陪伴父亲就医。如今,父亲恢复健康在我身旁,我也在去年收获幸福和我的丈夫走进婚姻殿堂。

在整个过程中,让我感悟颇深的是我从单一表层的文字阅读进阶到多元全面的文字阅读,从而获得内心的愉悦、宁静与坚定。

03 越读:拓展人生宽度厚度

我常听到这样一句话:"阅读不能改变人生的长度,但可以改变人生的宽度。"在决定做书店的那一刻,我就立志做一个终身阅读的人,并且陪伴和培养具有终身阅读能力和习惯的孩子。

教学7年,到现在我都还深刻地记得,在一节演讲口才课程当中,我们以"吐槽大会"作为主题进行自由表达,没有想到竟然让全场十几个孩子都哭得稀里哗啦。为什么他们会哭呢?有的因为爷爷奶奶重男轻女、有的因为妈妈爱宠物超过自己、有的在学校受到同学排挤、有的从来没有感受到来自父亲的爱意……

看到这里的你是否跟我有同感，在21世纪的今天，这些问题真的存在吗？真的还有这么多不合理的关系吗？是的，若不是我真实的经历，我也不敢相信。这让我明白了一个道理，无论处在哪个年纪，每个孩子都有来自他/她那个年龄阶段的困顿和难解的题。

在我的安抚之下，孩子们逐渐恢复了平静。那一刻，我是真的很庆幸，因为阅读过很多相关的书籍，积累了丰富的教学经验，才让我在面对那个复杂的、每个孩子的问题都不一的时刻，我能给予他们人生方程式的解法。

那节课我让他们随意找一本喜欢的书认真阅读，虽然没有传授新的知识，但我的内心却变得更加的丰盈和坚毅了。孩子们离开教室时，有的还若有所思地盯着书籍封面、有的已经解开心结展开了笑颜、有的专门跑到我的跟前告诉我：我是她最喜欢的老师、有的一溜烟就看不见了身影……无论如何，透过孩子们有意识无意识的反馈，我都看见了那一堂课带给他们的改变和力量。我知道，于他们和我而言那都是人生之路非常重要的一课。

那之后，我对"越读"也有了新的诠释：1.通过阅读和悦读变得越来越爱读；2.超越书籍本身更为深度和厚度的读；3.突破自我桎梏获得超然领悟的读……

从阅读到悦读再到越读，其实就是从探索万物到收获成长再到拓展人生宽度厚度的过程，我认为非常有意思。董其昌说："读万卷书，行万里路",相信这句话大家都倒背如流了,但他后面其实还有句话叫"读万卷书,行万里路,胸中脱去尘浊"。其实读书就是让我们摆脱局限和狭隘,要在学习交流中看到自己的局限去不断地进步;董卿说:"每一个人都渴望自己的内心像浩渺的大海,可以不断地接纳希望、勇气、力量和爱,那样才可以做到风华长存"。如何去做到呢?答案就在"读书"上;莫言说:我不停地看书,看文学历史,不停地走,看山川大地。尽管这些书,这些路,可能与我的未来无关,但是他们教会了思考,要知道,当AI时代来临,一个真正拥有独立思考的人才不会被时代裹挟,淹没在浪潮之中;我们都要通过终身读书,让人生路走得更加辽阔和宽广。

很高兴我的文章将随书籍的出版影响更多的人,这对于我来也是未成料想到的,我把它归功于阅读带来的魅力和惊喜吧。我们读过的每一本书,都会点滴汇聚成一条叫自我的河流,最后成就波澜壮阔独一无二的人生。愿我们无论身在何时何处,都能极目远眺,都能发现丰富多元的、海阔天空的新世界。

AI 不 AI
——亲子阅读实践感悟

费米Phemie

日本文学硕士
兼职日语和华文老师
热爱阅读与写作
积极推广儿童阅读和写作技巧
华语演讲和脱口秀爱好者及实践者

作为一名对文字兴趣浓厚,后来走上外国文学研究之路的宝妈,我对孩子的阅读格外在意。从孩子半岁起,我就坚持睡前给孩子朗读绘本。也根据自己的经验,摸索出了一套适合自己孩子的阅读启蒙方法。

在此过程中,我遭到过各种质疑:

"他什么都不记得,给他读书有用吗?"

"他还不会说话,能理解字词吗?"

也迷茫困惑过:"现在科技发达,各种音频比比皆是,要费力气给孩子读书吗?"

本文就以这三个问题为主线,从笔者的亲身经历出发,阐明幼儿与亲密照顾者(假设为父母)亲子阅读的重要性。同时辅以对比,说明亲子阅读是一项人工智能(以下简称AI)取代不了的家庭活动。

想必许多家长也会有相同的质疑和困惑。谨呈上小文,抛砖引玉。

01 为你而读——思想火种

婴儿作为一个崭新的生命,他们的大脑神经每分钟都在拼命生长。最初一年中,他们从一个呱呱坠地只会哭泣的"小家伙",长成一个会说会笑、会跑会跳的"孩子"。他们的笑容和父母那么相似，他们讲话时带着父母独特的口音。这些证据表明：过去的一年时间里，他们从父母那里学到了这些。父母的一颦一笑、一举一动，都是婴儿模仿的对象。

所以，您还认为给婴儿朗读绘本故事是没有意义的吗？我的孩子半岁时，我就开始给他读书。常读的故事书里有一本《排好队一个接一个》，讲的是一群小动物排队滑滑梯。孩子快1岁时，有一天他一个人在玩游乐场玩具。我惊奇地发现：他找来了和故事中一模一样的小动物玩具，并且按照故事里的顺序，一个一个排好队将它们送上滑梯，再滑下来，送回队尾。原来，我一遍遍读过的故事，他都记得！

这时候我的孩子还不会说话，但是，他却明白了故事中"排队"的情节，并用玩具准确地再现。

这其实就是幼儿对绘本内容的深刻思考。此过程，是父母反复朗读故事时，在幼儿大脑深处悄然完成的。即使在AI技术日新月异的今日，机器人仍然不具备独立思考的能力，而人类却拥有。给幼儿读绘本，就是为了从小培养出善于思考的大脑。在听故事时，幼儿逐渐在大脑中建立起属于自己的"思考体系"，这个体系会让他们受益终身。

我还记得我的孩子6岁时，有一次幼儿园老师给孩子们读一本关于小鸭子的书。故事的最后，小鸭子的妈妈去世了。我的孩子突然伤心地大哭起来。那天放学时老师告诉我，我的孩子理解力很好。我想，这应该与我从他半岁开始就坚持睡前给他读绘本有密切关系。

如今,他已经是一名三年级小学生,热爱阅读,思维敏捷,学习时游刃有余。他成绩一般,却是最爱读书和探索的学生之一。

综上所述,如果你认为给幼儿朗读绘本是"无用的",那就大错特错了!父母给孩子读的每一本书,都好似一颗小小的火种,种在他们幼小的心田里,让孩子反复揣摩理解。小小的火种,终有一日会迸发出新的火花!

02 你的婴语——我的付出

幼儿的语言天赋是被学界公认的。他们可以精准模仿任何听到的语音,并且逐渐分辨出差异性。所以,幼儿可以同时掌握多种语言而不会混淆。

遗憾的是,这种语言天赋似乎随着幼儿长大,会逐渐消失。一名两岁的幼儿可以完美复制自己生活环境中的任何语言,但是一名13岁的少年已经很难把新出现的环境语言百分之百掌握,达到母语水平。

想必每位妈妈都曾抱着婴儿,不停地让孩子管自己叫"妈妈"。因为每个妈妈都希望自己的小宝贝能早日喊出"MA"这个音节。

一段时间后,婴儿可能还无法喊出"MA"这个音节,但是他们已经明白了"妈妈"的含义。如果有人对他说:"你妈妈呢?"他就会立刻开始环视四周找妈妈。

由此看出,幼儿牙牙学语时,在他们面前反复朗读相同的字词,有助于他们掌握其意义和用法。

那么,如果我们重复的不只是"妈妈",而是出现在绘本故事中的词汇呢?那些优美动听的描述,是否自然而然地进入幼儿的耳朵,成为他们语言储备的一部分呢?

答案是肯定的!

幼儿也许还不会开口说话,却已经具备一定的理解能力和思考能力。请不要吝啬向他输出正面积极的语言表达,他都会记在心里。

我的孩子两岁时,会说的词汇不多。有一次,我问他在幼儿园吃了什么水果?是不是苹果?他点了点头,然后开始满屋子翻找。我好奇地跟在他身后。最终,他翻出来我每天指读的《幼儿认字挂图》,指着上面的苹果,发出"啊啊"声。原来,他记住了这就是"苹果"!后来,我观察到,当我读"葡萄"时,他会咂嘴;当我读"汽车"时,他会伸出双手模仿司机开车。

我意识到:每天一遍遍地指读,终于有回报了!我给他读的字词,虽然他还不会讲,但是他都听进耳朵,看在眼里,记在心上了,并且进一步和生活中的场景一一对应了起来。

所以,我想说亲子阅读对幼儿有重大意义。一遍遍反复强化,一次次表情演绎,一声声角色朗读,都刻在了幼儿的心灵里。请注意,目前的AI朗读还无法完成如此精准细致的绘本演绎。在亲子阅读过程中,幼儿顺利完成了基础语言积累。

后来,我的孩子读小学一年级了,他开始享受一个人安静读书。

我的角色也发生了变化，从一个单纯的朗读者，变成了共同讨论者。当然，孩子的绘本，我基本上都会提前自己浏览一遍，这样才能更好地和孩子进行讨论。这种个性化的"私人阅读导师服务"是目前AI做不到的。

通常我会在他身边看我的书。当他呼唤我和他讨论问题，或者需要我和他一起演绎故事的时候，我随时奉陪。在此过程中，他积累了大量词汇，掌握了许多在日常生活中不常用的书面表达。虽然不是每一次的语言输入都会有回报，但是水滴石穿，贵在坚持。

比如，有一次在绘本上看到下雨前的天空，我说："你看，乌云密布。"孩子没有理睬我。后来，走在路上，又看到快要下雨的天空，我又说："看呀，乌云密布。"他还是不理我，只管往前跑。直到不久后，我举办了一次亲子演讲课程。课堂上，老师在前面给孩子们读大型绘本，我的孩子突然指着图片上的乌云，大声说："乌云密布！"

在场的家长不由得向我投来惊讶的目光，仿佛在说："你的孩子好厉害呀！"但是，只有我自己知道，这背后是多少次不厌其烦的重复，得不到回应的落寞，以及在自我安慰中坚持亲子阅读的执着。

03 拥你入怀——爱与体温

亲子阅读，除了能够培养孩子的思考力，帮助他们学习语言表达，还有一项非常重要的作用——让幼儿感受来自父母的情绪和体温，以及爱意与关怀。这是冰冷的机器不可能提供的温情。

现实生活中，许多习惯睡前亲子阅读的家庭，都会选择把刺眼的大灯换成床头小灯，拿起故事书，父母和孩子依偎在一起，聚精会神地朗读，尽情享受着睡前安静美妙的时光。父母身上熟悉的味道，平和的声音，再搭配上有趣的故事，对孩子而言，这就是他们最想要的暖暖的幸福。幼儿在成长过程中，需要爱与关怀的滋养，而亲子阅读就是表达爱意的重要方式之一。

父母陪在我身边，给我读故事，他们是多么爱我啊！在幼儿眼中，这就是他们被父母爱着的证明。幼儿感受到被爱，就会身心愉悦，他们的学习能力和理解能力才会提升。这也是幼儿时期常常进行亲子阅读的家庭，大概率会收获一个头脑聪明、机灵活泼的孩子的原因。他们在学业上也会有相对较好的表现。

我发现，我的孩子在幼儿时期，总会去翻动那些我常读的绘本。而且故事情景记得清楚，上小学之后也会反复翻看。我想，也许是因为这些绘本是父母之爱的证明和记忆吧！

那些昏黄灯光下听着故事入眠的夜晚，来自父母的味道和温度，阅读时默默交汇着的情感，都是音频或者早教机所无法代替的。

如果可以的话，一天哪怕只抽出5分钟，请在孩子睡觉之前为他读本故事书吧。这份独家记忆，他会铭记终身，并成为他今后勇往直前的底气。

至此，对于开篇的三个问题，想必大家应该都有明确的答案了。

希望大家能理解亲子阅读的重要性，认识到这是一项AI取代不了的家庭活动。AI不等于"爱"！父母之爱无可替代。

希望有更多的孩子能享受到在父母怀中聆听绘本故事的美妙感！

阅读点亮生命

婧怡

年阅百本践行者

此刻，我握着星巴克冰美式的塑料杯坐在落地窗前，冷凝水顺着指缝往下流，浅褐色液体在杯壁上晃出涟漪，抬头望向窗外，午间的阳光斜切过街道，行人的影子被拉得老长，在玻璃上投下晃动的剪影，像极了记忆里总也看不清的黑板板书。

01 2300度的枷锁：被定义的前半生

1985年，我出生在十八线小县城。自小，我的眼前就像是被一层无形的浓雾遮挡。在幼儿园玩猜图游戏时，老师举起画着苹果的卡片，小朋友们争先恐后喊出答案，而我却瞪大眼睛，僵坐在原位，喉咙像被棉花糖堵住般发不出声。那些红的、绿的色块，在我眼里只是混沌的光影，连卡片边缘都看不清。

老师似乎觉察到我的异样，轻轻走到我身旁，温柔的手掌落在我肩头，那一刻，我死死盯着她手里那张模糊的卡片，指尖无意识地掐着裙摆，直到把布料捏出褶皱，沉默良久，我才憋出一句："老师，我……我看不清。"刹那间，我真切地意识到，命运给我的"出厂设置"，就像裹着一层拨不开的浓雾，将我与清晰的世界隔绝开来。

小学一年级，我成了全班唯一一个戴眼镜的孩子，讲台右侧的固定位置成了我的专属之地，即便讲台近在咫尺，黑板最左边的字对我而言却似缥缈难辨的幻影,那些字迹总是模糊成一团,我只能侧着身子,用眼镜下边缘紧紧压着下眼眶,让镜片几乎贴住眼球,直到眼眶泛酸。这个近乎扭曲的姿势,是我在模糊世界里努力看清黑板的笨拙模样。同桌偶尔会把漫画书推到我课桌边缘,虽然画面模糊,但那些夸张的线条让我第一次对阅读产生了向往。

"四眼田鸡""瞎子"……调皮男孩们的嘲笑像夏日的蝉鸣,躲不开也赶不走,这些刺耳的声音,像尖刺一般扎在我敏感的心里,我变得越发沉默寡言,打心底里抵触回答问题,畏惧走上讲台,只因害怕一起身,同学们的目光就会聚焦到我厚如啤酒瓶底的镜片上。我试图用头发遮挡镜片,或是低头闪躲那些目光,后来甚至干脆不戴眼镜,宁愿面对一个无比模糊的世界,也不愿意直面镜片中那个"奇怪"的自己。

高中三年,课业像巨石般压得人喘不过气,到了高三,我的近视度数飙升到了2300度,课本上的字缩成蚂蚁群,我得用直尺抵着,在密密麻麻的雾里打捞文字,视觉里仅存巴掌大的清晰区,边缘的字迹扭曲成波浪,像被风吹皱的水面。每到晚自习,左眼总会准时开始胀痛,从眼球后蔓延到太阳穴,每次我都要拼命眨眼睛,按摩太阳穴才能缓解。

一晚,晚自习结束回家,我摘下眼镜刚跨进家门,沙发上传来姑姑的招呼声,却只看见模糊的灰影在动,我下意识叫了声"阿姨",姑姑的笑声突然卡在喉咙,空气静得能听见墙上挂钟的嘀嗒声,曾经被嘲笑"瞎子""四眼田鸡"的羞辱感,此刻认错亲戚的狼狈,这些年积累的所有委屈,如汹涌的潮水般瞬间将我淹没,我冲进房间躲进被子里放声痛哭。那一夜,泪水浸湿了枕头,我攥着枕边的课本边角发誓:总有一天,我要摘掉眼镜。

02 手术刀划开的光:破茧之光

大二那年,爸妈决定带我去做晶体移植手术。我躺在手术室里,消毒水的气味混着窗外的蝉鸣,我紧紧拽着手术台边缘,手心里全是汗。医生说"睁眼"时,天花板的无影灯突然碎成了无数小亮片,妈妈凑过来时,我本能地伸手捧住她的脸,脱口而出:"妈,你的脸好大呀!"话一出口,病房里响起轻轻的笑声,我这才意识到,过去20年透过凹透镜看到的世界,都是缩小的,这一刻,我终于可以看清这个真实的世界了。

术后走在校园里,秋风卷起一片树叶,我伸手去接,能清楚地看见叶脉的纹路,锯齿状的边缘镀了一层金边,连叶片上的绒毛都看得一清二楚。路过食堂,"番茄炒蛋"四个字突然从模糊的色块里跳出来,"蛋"字的弯钩像外婆缝被子时扬起的银针。

我像贪心的拾荒者,蹲在操场上看蜗牛爬过的银线,趴在图书馆玻璃上数"书籍是灵魂的眼睛"里"魂"字的横竖撇捺。原来清晰的世界里,连尘埃都在发光。

03 命运的连环雨：当苦难成为生命的常客

以为人生终于拨云见日，却没想到命运的暴风雨才刚刚开始。

2013年孕期5个月，我的左眼前陡然闪出一片黑影，经医生诊断，这是孕期激素变化引起的眼底出血，出血口结痂处正好在黄斑中心，对左眼视力造成了永久性不可逆的损伤。自那以后，左眼所见的直线扭曲弯折，文字也变得歪扭变形。

2016年，当医生念出两岁女儿"1500度"的验光结果，我浑身血液瞬间凝固。那个瞬间，童年被嘲笑"四眼田鸡"的声音突然在耳边炸响，命运的手将我狠狠拽回20年前的阴影里。生活的暴击像倒下的多米诺骨牌一样一个接着一个袭来：父亲被诊断为结肠癌，母亲被诊断为肺癌，投资亏损、育儿上的意见分歧……我的世界在多重重压下摇摇欲坠。

到了2019年，我的世界仿佛要崩塌了，我开始失眠、易怒，孩子的一个小小的不良行为都可能让我陷入崩溃，我像一个刺猬一样把自己保护起来，不让任何人靠近。

某次争吵后，我在书房角落里发现一本塑封未拆的《正面管教》。塑料膜上落着薄灰——这是孕期随手买的书，当时觉得"管教"两个字太刺眼，一直没勇气拆开。此刻它安静地躺在阴影里，封面上的6个孩子姿态各异，洋溢着笑容，像一群被阳光笼罩的精灵，可我却觉得那笑容离我如此遥远。

04 年阅百本：在文字里重建世界

在情绪如汹涌暗流般一次次将我卷向崩溃边缘时，我终于鼓足勇气预约了心理咨询师，却因种种阴差阳错未能成行。失落无助的我，如同置身伸手不见五指的黑暗隧道，摸索着，找不到出口。都说阅读能改命，我尝试通过阅读改变处境，却因毫无章法读得十分痛苦。

命运的转机出现在遇见我的阅读老师Grace的那一刻。她的声音自带治愈魔力，像一束光照进混沌的世界。她教会我从当前问题、兴趣、身份三方面构建自己的专属书单，还颠覆了我"读完=从头翻到尾"的认知——哪怕因一本书产生一个微小行动，也算"读完"。更让我震撼的是，原来一年读完100本甚至几百本书并非天方夜谭，这对以前连一本课外书都难以啃完的我来说，像是打开了魔法世界的大门。

2020年元旦，我暗暗做了一个决定：用一年的时间读完100本书。刚开始阅读时，因为左眼的视野扭曲，每一个字都像是在跟我捉迷藏，我得费力地聚焦，才能勉强看清，加上几乎没有阅读基础，对我充满了挑战。

但我没有退缩，制订了详细的阅读计划，在Grace的指导下，我摸索出适合自己的阅读节奏：用"实践阅读法"拆解书籍，搭配得到和帆书App辅助听书,让文字化作可落地的行动指南。在这种阅读氛围下,女儿也被感染,主动寻找感兴趣的书单。我们买齐了《大中华寻宝记》系列,约定读完就踏上全国旅程。

在一本本书里,我仿佛看到了自己成长的足迹。

《正面管教》宛如一位睿智且温和的导师,陪伴我在育儿的漫漫长路上摸索前行。曾经我会因为女儿看电子产品时间超时而焦虑发火,读完这本书后,我试着用"温和而坚定"的态度去化解矛盾,我不再强硬地下命令,而是蹲下身子,温柔地告诉她:"妈妈知道你还想再看一会儿,视频里的内容特别有趣,对吧?但我们一次不能看太久,眼睛需要休息一会儿呀,我们先玩个拼图,好吗?"当感受和需求被看见,情绪很快就平复了。

《非暴力沟通》为我在与家人沟通时架起了一座温暖的桥梁,过去,和老公争吵时,我常陷入指责模式,而书里"观察、感受、需求、请求"四要素让我学会说:你这周第三次在我说话时打断了我(观察),这让我感到委屈,而且有些生气(感受),我们需要相互了解对方的想法(需求),下次你可以等我说完再表达你的观点吗(请求)?

《聪明的投资者》中"市场先生"的概念,如同一面明镜,照见资本市场的情绪真相——他时而热情高涨地报出天价,时而垂头丧气地甩出低价,本质是被人性的贪婪与恐惧操控的提线木偶。而"安全边际"原则,则是我在这场情绪闹剧中的定海神针:只在价格远低于企业内在价值时入场，如同给投资上了一把"安全锁"，让我在市场狂热时保持清醒，在波动来袭时从容坚守。

《只管去做》是我进行目标管理的启蒙书。书中分享的目标管理5步法让我受益终身，分别是：

1.写一封信给5年后的自己。

2.平衡人生九宫格。

3.明确目标SMART。

4.项目管理计划法。

5.三步培养好习惯。

读完这本书，我也写了一封给5年后自己的信，信里清晰地写着"把自己的成长经历写进书里"。

《跑步圣经》更是见证了我身体与精神的双重蜕变。这本书是我的启蒙教练。从最开始气喘吁吁地跑几步就停下，到100天后成功完成半马，这期间离不开书中科学的训练方法。本书详细介绍了跑步姿势、呼吸技巧、训练计划等，让我少走了许多弯路。每一次我在跑道上的坚持，都像是在与过去那个脆弱、容易放弃的自己告别。跑步不仅锻炼了我的身体，还磨炼了我的意志，让我在面对困境时，有了更强大的内心去抗衡。

这一本本书，如同一位位挚友，在我最艰难的时候始终伴着我。女儿的书架上，《大中华寻宝记》已码成整齐的"小长城"。我读《正面管教》时，常瞥见她也趴在沙发上翻书，手指循着书中顶呱呱的探险路线轻轻移动；我写读书笔记时，她会凑过来看我标注的金句，甚至拿着阅读行动清单认真"监督"我的完成进度。

2022年，我们终于开启了第一场"书中之旅"。在新疆葡萄沟，我们循着《新疆寻宝记》的指引，惊喜地发现了刻着语文课文的石碑；在哈尔滨，女儿捧着《黑龙江寻宝记》，对着圣·伊维尔教堂前的百年老树惊呼："树的位置和书上画的分毫不差！"

如今，我们几乎一起走遍了寻宝记系列里的每一个省份，每一次启程都像是与文字重逢，我在书中重建自己，她在书中发现世界，而我们的目光，正透过不同的书页，望向同一个辽阔的远方。

05 雾散后，看见世界的光

天色渐渐暗了下来，女儿抱着地图坐在我身侧，睫毛沾着金粉，像草叶上的露珠，在灯下碎成星光，"妈妈，下一站我们去吉林吧，我要去长白山滑雪。"

这时，广场上响起王菲在2025年央视春晚上唱的《世界赠予我的》："赠我一场病，又慢慢痊愈摇风铃……"我轻哼着旋律，看远处的路灯渐次亮起，光斑里的行人脚步匆匆，各自揣着故事。

杯底的冰美式泛着光，玻璃上的冷凝水早已干透。曾经困在镜片后的女孩，终于借书页间的光照亮了前行的路。

那些曾让我自卑的视力问题，最终在文字的浸润中化作羽翼——

我攥着《跑步圣经》用100天征服半马赛道，捧着《聪明的投资者》搭建起财富的基石。这抹刺破黑暗的光，如今化作不灭的灯塔，指引着我们，向着更壮阔的人生海域扬帆远航。

破茧成蝶：
从体制内教师到百万教育 IP 的成长启示录

向文Eva老师

向上教育学苑创始人
国际蒙台梭利 AMS 主教
美国 TESOL 国际英语教师
蒙氏双语线下实体园创业 12 年
累计赋能 10000+ 父母成为不焦虑、慢养育的从容父母
累计支持 1000+ 老师"左手英文绘本教育，右手蒙氏养育"
借英语启蒙为媒，行家庭教育之实

从高中英语老师到服务500多家幼儿园,为上千名幼儿英语老师提供教学培训和督导,为上万名幼儿带去快乐无痛的"类母语式全儿童英文启蒙·绘本主题探究课程"。

创业12年间,我从50平方米的小工作室升级到200平方米的双语亲子绘本馆,再升级到1000平方米的儿童成长中心(集早教托育幼儿园一体和双语阅读指导服务)。随着学校的发展,肩上的责任和使命日益变大。

由于自己能力边界有所扩大,赋能的人变多,支持每个家庭的面变广,我发自内心地感受到内在生命的丰盈和富足。

我的人生经历有不堪,也有欢笑,相信看完我的故事一定会给你带来勇气和力量!

我相信:水到绝处是风景,人到绝境是重生。

01 逃离舒适区

人生最大的冒险,是拒绝按剧本演完这一生。"

出生于公务员家庭的我,22岁前的人生轨迹已被规划得明明白白:师范毕业→考公招→进重点中学当英语老师。直到那个改变命运的深夜,我在备课笔记扉页写下:"如果人生是场马拉松,我绝不选择匀速前进。"毕业后我毅然地选择了"自由"的独立教师道路。

为了成为优秀的英语老师，我不惜重金报考两个国际教师认证课程。对于当时仅20元/课时，每月收入微薄的我来说，自我学习成长是最值得的投资。

白天我是穿着职业装穿梭在各个校区，给3—50岁外国学生上中文课的国际对外汉教，傍晚我是给青少年教英文的"江湖独立老师"。3年半时间就累积超10000小时的全龄中英文教学经验，累并快乐。

02 启蒙者的觉醒

教育的本质，是把灯笼递给孩子，而不是举着灯笼照亮他们。"

2013年，机缘巧合，我有幸成为全国某知名幼教品牌西南区英语教学督导。我常常被3岁幼儿流利唱英文童谣和讲故事的可爱模样打动，这彻底重塑了我的英语教育观。我毅然辞去年薪30万的督导职位，创办"Eva情商英语快乐私塾"。

创业这些年里，我不断刷新教学理念，跟优秀老师学习前沿方法，实践效果显著，深受孩子和家长喜欢，选择私塾的孩子逐步从5个发展到100多个，实现了从2000元月薪到年入百万营收的跨越。

2015年秋，我受邀入驻全国第一个在线教育平台，通过互联网直播教学（"在家亲子英语启蒙—童谣绘本课""用好思维导图做高质量亲子共读—绘本精读课""8次课让零基础妈妈华丽转身（口语课）和自然拼读—阅读思维课")受到广大老师和家长的好评,成为平台课课时费最贵的老师。短短两个月的线上教学让我成功影响了近1000名家长和老师,他们的好评,坚定了我深耕在幼少儿英语启蒙,用原版绘本赋能阅读力的信念。

03 向死而生的蜕变

"真正的勇士,是在产房外痛哭后,依然选择为爱重生。"

我花了3年时间潜心研发出符合幼儿心理和认知发展的"全儿童英文绘本探究课程体系",在园所落地两年后取得了非常显著的成绩。绘本启蒙一年后的3岁宝宝能自如输出故事,4岁阅读RAZC级读物,5岁开启初级章节书,7岁考过KET优秀,9岁考过PET,11岁过FCE,这一年顶三年的学习效果让同行们惊掉下巴,我的英文启蒙绘本师训应运而生。

眼看我在英文教培圈中启蒙领军人物的江湖地位已经树立,却在这个时候被孩子选中做妈妈。记得2018年初夏那场英文绘本师训,我挺着8个月圆鼓鼓的肚子给来自全国的参训老师们示范教学,被戏称"带球跑老师",虽然身体很疲惫,传播英文绘本教育让我闪闪发光。

本计划一出月子就重出江湖,没想到老天爷给我开了个玩笑。月子期间后背莫名剧烈疼痛、全身发黄,被误判为"肝硬化",在中医院针灸治疗整整住了快两个月,回到家,在洗手台抬头看镜子那一刻恍如隔世。我未能如愿顺产，也未能如愿母乳亲喂，更差点因病错过陪伴新生儿的黄金3个月，我那段时间陷入深深的自责和悔恨。

在冷冰冰的病床上，人生中第一次体验到创业妈妈的不易。每每走进医院看到墙上贴着"鼓励母乳喂养"的宣传画，我就止不住地默默流泪，心塞难受。那段时间，我曾在深夜失眠，哭泣不已，作为独立教师，作为创业妈妈，真的既辛苦又孤独，我有点沮丧，不知道未来在哪里。

后来一位老医师开导我，身体虚弱不适合母乳喂养，得先养好自己才有力气养好孩子。我慢慢接纳这个事实，给英文绘本师训事业按下暂停键，但是心中的绘本教育梦想还在。带着对儿童教育的热忱，我选择继续追梦前行。

产后我有幸学习了美国蒙台梭利教育（AMS0-3）。那些关于生命成长的哲思，像春风化雨般治愈了我。"FollowtheChild"的教育理念逐渐在我日常养育生活中应用自如，我的英语教学受到了极大启发。此时，我真正成了一名既懂英语教育又懂儿童心理的双语幼教培训师。

记得毕业前，导师Susan在黑板上写下："从今天起，我将不再是你们的老师，你们的孩子会是你们的老师。"每每想起仍然会眼眶湿润，尤其当妈妈的这些年，我深深感受到这句话的分量，养育孩子就是一场修行。我们不是完美的父母，但可以做觉醒的（成长型）父母。这也是为什么我要做"蒙氏英语启蒙365共育营"来倡导"最高效的英语启蒙，是亲子关系的滋养；最曼妙的育儿乐章，是妈妈的自我成长"。真正的教育，是从父母自我觉醒开始的旅程。

经过学习和调整，我很快恢复了良好的状态，照镜子发现——我的脸上有了笑容。从此，我的人生发生了重大转变，我开始真正理解了生命影响生命，开始透过育儿来育己，在愈己中"又见自己"，实现遇己（活出真实绽放的自己）。我开始重点培养英文老师和蒙台梭利老师，如何通过绘本故事，支持孩子每个阶段的成长需求。当他们成为优秀的蒙氏英语绘本讲师，我们的婴幼儿在生命最重要的前6年将不仅有机会得到高质量的语言能力发展的支持，身心得到好故事的滋养，更有机会在"思维、情绪、习惯、品格、价值观"上也同时得到专业又全面的培养。

如果要给孩子营造完备的环境，一个专业的有自我觉醒意识的成人是环境中最重要的元素。我发现，培养出更多优秀的蒙氏双语老师，是最让我感到幸福的事情。

04 暗夜里的守望者

"教育不是注满一桶水，而是点燃一团火。哪怕这团火只照亮了一个角落，也值得倾尽所有。"

新冠疫情期间，大家都揭不开锅了，没有收入怎么办？我带领团队积极应对，和幼儿及家庭做了不少线上互动活动，但随后培养多年的蒙氏双语教师们的离职，让我不得不承受巨大的压力。

尽管内心充满疑虑和自我怀疑，但家长们一句"Eva老师，我们支持你！"又让我重拾信心，重燃希望。

在艰难中我选择潜心优化课程，线上线下结合，让全儿童英文启蒙理念下的绘本主题教学与蒙氏理念完美融合，重新焕发了活力。校区扭亏为盈。

在黑暗中坚持的人，终会看见星光。

05 星辰大海的征途

"真正的成功，不是打败多少对手，而是让更多人更好地活出本自具足的自己。"

站在成立10周年的节点，回顾老师们的成长轨迹，我深刻体悟到：教育者的终极使命，是让知识流动起来。我也曾亲眼见证：当妈妈通过学习重拾自信，孩子的笑容会更灿烂；当女性在事业中找到价值，孩子的格局会更开阔。2024年，我发起"百千万计划"，希望能在三年内，孵化100名蒙氏英语绘本导师，培养1000名蒙氏英语绘本讲师，和大家一起影响100000个家庭，实现不焦虑、慢养育，做静待花开的从容父母。

此刻回望来时路，曾经深夜备课的红血丝双眼，产褥期强撑的虚弱身影，疫情期熬白的鬓角，都在诉说着一个真理：真正的教育从不是独行侠的英雄史诗，而是点燃星火的火炬接力。

当1000名蒙氏英语绘本讲师同频共振时，我们终将共同书写属于这个时代的教育传奇。

在阅读中，找回母语的温度

晶晶

新加坡国立大学理学硕士
新加坡政府理工学院讲师
认证 Problem-Based Learning（PBL）导师
小麦茶读书会创始人
蒙台梭利幼儿教育理念践行者

01 中文学习遇到困难

2020年的秋天,我因疫情而放弃了前往英国牛津大学攻读教育学博士的机会,决定留在新加坡。这是一个我极不情愿的选择。曾经,我虽是千军万马过独木桥的"高考战士",但童年仍是自由快乐的。然而在新加坡,孩子们的周末常常被补习班填满,父母也被孩子的学习搞得焦头烂额。我原本计划离开新加坡,却因为一场疫情,打乱了人生规划,也把我和孩子一起卷入了这座城市的应试洪流。

我的大儿子果果是一个天真无邪的孩子,每当我生气时,看到他那张无辜的脸,就会忍不住笑起来。因为有了他,我才开始对教育产生了兴趣。在他2岁的时候我爱上了蒙台梭利,信奉她那句简单的话"follow the child"——跟随孩子。但是在决定留下来的那一刻起,我开始手忙脚乱地了解小学生考试的种种要求,逐渐意识到自己不得不"follow the crowd"(随大流)了。

那年10月,果果高兴地拿回家一封信,告诉我他通过了高才班考试的第一轮。那一刻我太惊讶,因为我知道他的英文偏弱,或许是他的数学成绩帮他"突围"了吧。果然,期末考试数学近满分,英文75分,华文和科学刚过80分。没有通过第二轮高才班考试是意料之中事，但真正让我失落的是，他未能进入4年级的高级华文班。那一刻，我这个来自中国、一直以为孩子"最不差的就是中文"的母亲，第一次深深地感到自责。

那怎么办？很自然，先去补习呀。我们找了位很有经验的补习老师，把考试的事暂时交给专业人士。我自嘲道："我也成了孩子快乐童年的杀手，准教育博士的妈妈也逃不过送孩子去补习！"然而，补习之外，我发现了更深层的问题——果果不爱读华文书。以前他还愿意读绘本，可从三年级起，我从图书馆借来的华文书他都不愿碰。孩子不爱读书，补习成了单纯的应试工具。那时我开始反思：我们真正想要的，是孩子用心体会中文的美好，还是仅仅在一张张试卷上，搭建一座虚幻的空中楼阁？

02 组织读书会

我自己并非天生语文好，高中时语文成绩因爱上阅读而突飞猛进，高考语文138分（满分150分）。我坚信：语言学习的核心是阅读。于是，我开始寻找适合的阅读活动。报了一个新加坡本地的绘本阅读课，却发现太简单；找国内课程，又太难。去图书馆借书？他不感兴趣。我忙于工作，也无法坚持陪读。那时我意识到，如果只是"一个人读书"，我们总会中断；但"和别人一起读书"，就有了坚持的动力。

于是我尝试组织果果和他的同班同学，每周五晚上7—8点一起在线上朗读我给他们准备的书。大家轮流朗读，我给他们讲解生词、标注重点。就这样坚持了几个月，虽然偶有懈怠，但因为对孩子们有约定，所以就坚持下来了。然而，问题很快暴露出来：孩子们注意力不集中，有的在聊天室乱发言，有的更换头像玩闹，还有人在屏幕上把两个同学圈在一起画"情侣心形图案"，真是太让我意外了。我顿感挫败，真想放弃。但却不甘心，就在Facebook上的一个家长群里发帖，征求一起组织线上读书会的家长。没想到很快就有回应。我幸运地遇到了Katrina，一位来自中国台湾的妈妈，她女儿比果果小1岁。我们决定轮流主持，每周一人负责一本书。加入的家长和孩子都对阅读有热情，氛围顿时大为改善，朗读也变得专注而有序。

小学四年级，果果表现出了对数学和围棋的浓厚兴趣，他的时间开始被竞赛和训练占据。与此同时，他的英文依旧是弱项。我犹豫是否该暂停阅读计划，把时间投入补足英文和加强奥数。但我发现，他依旧喜欢听我讲故事，读书会他也能认真参与。其实在读书的过程中，我慢慢发现孩子们学会的不只是那些字词句，他们其实是在为生命成长而读书。在我为读书会精心挑选的儿童文学中，动物小说总能打动孩子们的心。其中西顿的《少年与山猫》，讲述了一只山猫潜入主人翁索伯恩家中偷食，索伯恩在身体虚弱的情况下与母山猫进行了一场殊死搏斗，最终山猫被鱼叉刺中，仓皇逃入森林。后来，在一次意外的出行中，他发现了饿死在枯木中的两只小山猫和那只身上还插着鱼叉的母山猫,死去时幼猫们仍叼着母亲的乳头,静静地躺在那里。那一刻,所有孩子都安静了下来,包括果果。我相信,他们在那个片段里读懂了"母爱"。从此,对自己的妈妈也少了一些抱怨,多了一些感恩。或许正是因为阅读,直到现在,进入青春期的果果,依然和我亲密如昔。

小学四年级年尾的华文考试,果果居然突破了90分。这肯定有补习老师的功劳,但是果果却跟我抱怨说不想去补习。因为每周都有作业,而且每次上课都会拖堂。其实,这位老师是非常负责的。纠结了很久之后,我决定不要那么Kiasu(福建话:怕输)——我不是准教育博士吗?孩子考试上的问题,我来应付。于是,我对果果说:"如果你坚持读书,我们就不去补习!"他痛快地答应了。

03 阅读带来改变

不过,到了小学五年级的时候,我觉得我们的读书会应该从朗读过渡到孩子们自己读了,那读什么书呢?选书成了新挑战。新加坡本地的华文书经过大量"简化",读来平淡无味;国内出版物良莠不齐,很多都是标题吸引人,内容却空洞。我决定:所有推荐给孩子们的书,我必须亲自读过。为了更高效地读书,我入手了电子阅读器,在通勤、等人的片刻时间争分夺秒地读。在阅读中,我获得了片刻的安静和沉浸,也重新找回了童年的热情。最打动我的一本童书,是《吹小号的天鹅》。书中文字优美，我仿佛听见了小天鹅吹奏小号的旋律。很多次，我坐在地铁上读书，完全不知道自己坐过了站。那一刻，我知道，阅读不仅是为了孩子，更是我自己的精神寄托。其实我的工作节奏紧凑，两个男孩正值小学阶段，家中没有女佣或长辈分担，每一天都被各种琐事填满。但即便如此，只要拿起书，我就仿佛拥有了一个属于自己的宁静角落，也重新找回了那个最初相信"阅读能改变孩子"的自己。

果果上五年级时，一位华文老师橘子找到了我。她说她给学生办了一个读书分享会，就是让孩子们来分享他们读的书。我觉得这种方式非常棒，毕竟孩子自己喜欢的书才最能打动他们。与其我一本一本地挑书，不如让他们互相推荐，也能顺便锻炼他们表达的能力。于是，我们的读书会就加入了"分享"环节。为了帮助孩子们准备内容，我还从国内找了表达课程，教他们如何分享一本书。虽然很多孩子因补习无法持续参与，但每次认真准备的孩子都表现得非常出色。分享环节带来了更多的互动，也让孩子们的眼睛在书本之外亮了起来。

时间嗖嗖地过去了，果果和他的同伴们开始从桥梁书过渡到中篇小说。在尝试了一本又一本他不喜欢的读物后，他找到了他喜欢的罗尔德·达尔系列，尤其喜欢《女巫》。他是那种遇到喜欢的书，就反复读很多遍的孩子，每一遍都可以当成从来没有读过一样。与此同时，令我感到意外的是，大家都说五年级各科的难度都会上升，在停了补习之后，果果的年终华文成绩是88分，我非常满意。

04 把读书会运作下去

转眼果果就要进入小学六年级，我的工作依旧忙碌，而且同年我的身体出了一些小状况。但是，此时的我已经放不下读书这件事情了。读书会我会继续参与，同时我还报名了阅读指导师课程。学完之后，我进一步改良了读书会，在分享和朗读的基础上增加了讨论环节。我们不仅要读，而且要把自己读完之后的想法说出来，和其他人交流，让读书的乐趣从心里流淌出来。也是在那时，一位名叫费米的年轻妈妈加入了我们。她曾在日本留学，和家人刚从日本搬来新加坡。她给孩子们准备了一场关于《佐贺的超级阿嬷》的讨论会，不仅介绍了日本文化，还分享了很多做人做事的道理。那场讨论会，孩子们听得津津有味。我邀请她和我一起为孩子们组织读书会，她毫不犹豫地答应了。

其实我们的读书会已经变成一个妈妈们的小社群了，除了Katrina，还有五六位妈妈帮忙领读，每人带领一组。还有一位妈妈Helen，她每天早上6：20在群里给孩子们发消息，一发就是2年，然后孩子们逐个打卡。读书会不盈利，没有商业模式，大家靠热情与爱，以及对于"孩子不能失去中文"的共同信念，抱团走到今天。

就在一切渐入佳境时，果果迎来了他的小学六年级会考之年。因为酷爱数学，他不仅要准备升学考试，还要备战多个数学竞赛。所以他不得不暂停参加读书会。但即使如此，当他结束一天的学习，拖着疲惫的身体钻进被窝之前，常常会来找我，小声问："妈妈，今天讲故事吗？"

我笑着说："有呀，你想听，妈妈就讲。"有时我提议："你也可以自己看呀。"他却眨着快要合上的眼睛嘟囔一句："可是……我的眼睛已经睁不开了……"我看着他床边那一摞摞摊开的练习册，走过去，轻轻关上灯。房间里一片寂静，我打开背光的阅读器，坐在他的床边，低声读起他熟悉的故事。每一个字、每一句话，仿佛都在为他拂去白天的辛劳。

孩子呀，愿妈妈温柔的阅读之音，能在你成长的路上，为你点亮一盏小小的灯，在每一个感到疲惫的夜晚，伴你安然入眠。

从妈妈到社群创始人，我靠"陪读"打通人生任督二脉

> 夏南Nancy

新加坡早期双语阅读协会会长

新加坡女性成长社群创始人

仨娃妈，15年亲子阅读推广实践者

亲子双语阅读 × 女性成长 × 家庭系统陪伴导师

一本书的开始，往往比你想象的更深远。

每次陪孩子读书时，我都会在心里问自己：这本书，是不是也在悄悄"重写"我们的人生？

我从没把亲子阅读当成一项教育任务。对我而言，它更像是我和孩子们共享的一种生活方式，是我在成为母亲之后，送给自己的一份成长礼物。当你读到第1000本绘本时，你会发现，有些故事并不只是讲给孩子听的，它们也在疗愈、滋养着"长大的我们"。

我常说：陪孩子阅读，其实是我这个妈妈，在不断把自己内心变得更柔软、更清澈、更纯粹的过程。

我从未预料过，因为陪孩子读书，我会走上一条完全不同的人生道路——从一个普通的职场妈妈，成长为一位带动无数家庭转变的社群创始人。

如果说孩子的人生是一本尚未写完的书，那么我愿意用阅读陪他们写下最初的几章；而就在这个过程中，我也悄悄写出了属于自己的人生"中场逆转"。

01 儿歌里藏着我人生的第一场转弯

我没想过，有一天我会因为"唱儿歌"，成为上百个妈妈眼中

"最会讲英文歌的导师"。

那时候,我刚生下第一个孩子,语言环境是我特别在意的事情。作为一个中国移居新加坡的妈妈,我知道孩子在这里要面对的是实打实的双语环境,而不是考试用的语言。

我没办法指望别人帮我教,所以我做了一个决定:自己主动营造语言环境。

我开始反复听英文儿歌,从最简单的Twinkle Twinkle Little Star到节奏复杂的Down by the Bay,一边听一边写下歌词,再一句一句唱出来。那时候手机上没有App,我就打开YouTube听,一句不会就暂停回放,像学生一样一字一句抄在笔记本上。

慢慢地,我不仅可以全程跟唱,还能用这些儿歌做睡前仪式、早晨唤醒、哄娃,甚至还能临场编动作逗孩子开心。

从"哄娃"的工具,到"语言学习"的土壤,再到我后来的专业转型,谁能想到,最早播下这颗种子的是一首又一首儿歌。

当我成为亲子阅读导师,这一套"唱、讲、教"的能力,让我和孩子都充满信心,也让我成为无数家长眼中"最温柔、最有料"的那一个人。而我始终记得:这不是靠培训学来的,而是靠陪孩子唱一首首儿歌出来的。

02 读着读着,我把童年补回来了

很多人以为绘本是孩子的专属,其实不然。越是成为妈妈,我越明白,这些"讲给孩子听的故事",有很多也在悄悄安慰着我们大人的心。我们陪孩子读故事,故事也在陪我们回头看自己的人生。

我记得第一次读《猜猜我有多爱你》,讲到小兔子和大兔子你来我往地比"爱有多大",孩子听得津津有味,我读到最后一页时眼眶一热。不是因为伤感,而是因为它悄悄唤起了我内心深处那些曾被忽略、来不及被好好照顾的情绪。还有《我永远爱你》《妈妈发火了》《彩虹色的花》……

一次次翻开书页,总会让我忍不住停下来想一想:我有没有曾经这样被温柔照顾过?又有没有机会,把这样的温柔好好地传递下去?原来,亲子阅读的意义,从不是"我教你读书",而是"我们一起被故事照亮"。

很多人问:"你怎么有精力和孩子读上千本绘本?"

我的回答是:"不是我有精力,而是我需要它——它不只是给孩子养分,它也是在给我'大人版的童年'。"

03 从一张书桌，到点亮上百个家庭的阅读灯

有一天，我突然意识到：我们家的"阅读角"，已经变成很多人向往的模样。

没有电视，客厅两面墙放的是书架，中英文都有，绘本、图鉴、漫画、章节书应有尽有。三个孩子围坐在那，每人拿着自己喜欢的书，时不时交换、讨论，还会给我推荐："妈妈你一定要看这个，这里面的主角经历太契合我们昨天讨论的那个问题了。"

我很感动，也隐隐有种责任感——如果阅读真的能给孩子带来这样的生活感、表达力和内在秩序，那我想带更多家庭一起体验这种力量。

于是，我开始从我们家"走出去"。我创办了新加坡女性成长社群和新加坡早期双语阅读协会，从分享双语阅读规划起步，逐渐发展出双语启蒙规划线上课程、年阅千本亲子打卡计划、绘本讲师训练营、早教陪伴系统，帮助了上千个妈妈走入阅读、走入成长，也走出了自己的转型之路。

我还记得，一位妈妈曾悄悄私信我，说她原本以为亲子阅读只是"陪孩子识字"，结果却是自己先被治愈了。她说："以前我总是忍不住催促孩子、纠正孩子，总担心他输在起跑线上。可跟着打卡阅读几个月后，我自己先慢下来了，学会了'陪着'而不是'管着'，也

慢慢看见孩子更多闪光的地方。"她笑着说:"原来孩子不用变得多优秀,我也能开始喜欢做妈妈。"

有一位英文基础很薄弱的妈妈,从最开始连Brown Bear,Brown Bear,What Do You See?都读不顺,到后来能用全英文讲故事,还能一边讲一边带动作、做互动。她说:"以前总觉得自己教不了孩子,我从没想过,有一天我可以靠英语和孩子玩起来。"

阅读的力量,从来不只改变孩子,它也在一点点修复我们、成全我们,让无数个家庭从焦虑和攀比中走出来,找回那个可以一起笑、一起读、一起成长的亲子状态。

我常说:"陪读,是带一个孩子去看世界;推广阅读,是带一群妈妈走出命运的边界。"

04 阅读力,是妈妈的隐形超级能力

你有没有想过,为什么我们小时候背了那么多生词,默写了那么多好词好句,却依然在讲英文或写作文时卡壳?因为我们缺乏"输入力"。而阅读,就是一种长期的、持续的、润物细无声的输入。

我自己的三个孩子,完全是靠大量的中英文阅读而培养出来的语言能力。没有死记硬背,没有刷题,没有强压,他们自然地拥有了词汇量、句型感和表达欲。而这个"秘密",我也想送给每一位妈妈。

别只担心孩子成绩,先去陪他把书读厚;别逼孩子开口讲英语,

先让他听够、读够、理解够。

你读过的每一本书，陪读过的每一个夜晚，其实都在给孩子打底。而更重要的是：你自己也在悄悄改变。你看事情的方式、跟孩子沟通的语气、处理冲突的弹性……都在阅读中，被修复、被拓展、被升级。

有阅读习惯的妈妈，身上会有一种看不见的力量，那是因为见过世面，受过滋养，心有余裕。

有阅读力的孩子，就像心中点亮了一盏灯，照见自己，也照见世界。

他们的专注力不是靠逼出来的，而是因为沉浸在故事中，心甘情愿不想离开。他们更敢表达，敢于提出问题，也愿意倾听别人怎么说。他们遇到难题，不轻易说"我不会"，而是会翻书、查资料、主动思考。他们的语言是有温度的，理解力是有深度的，好奇心是有方向的。

这些孩子，会在未来面对选择与挑战时，展现出一种静水流深的底气——不是"学得多"，而是"读得深"。

缺乏阅读力的孩子，就像在黑暗中摸索，没有方向感。他们写作文抓不到重点，说话绕来绕去，听英文像听天书，读课文像看密码。明明十分努力，却总是卡住，越卡越感到挫败，慢慢失去表达的欲望和学习的信心。

很多时候，他们不是不聪明，而是缺了那一条"从输入到输出"

的通道。所以,阅读不是锦上添花,而是打地基,阅读塑造的是孩子一生理解世界、表达自我、连接他人的底层能力。

越早点亮,越稳健前行;越晚启动,越需要用力弥补。

愿每个孩子心中都有一盏由书香点亮的灯,也愿每个妈妈都成为点灯的人。

05 陪孩子读书,是我最深情的回信

我不敢说自己是最成功的妈妈,但我可以很坦然地说:我真的很喜欢我这一路"陪读"的样子。那些故事,那些深夜的共读时光,那些"妈,你再讲一遍"的重复,那些"我们一起去选书"的约定,早已在我们家的记忆里,变成了爱的标配。

我的人生因为阅读而改变:我找回了语言学习的信心、弥补了情感的空缺、找到了热爱的方向、搭建了女性成长的社区。而这一切的起点,不过是一本书,一段故事,一个愿意坐下来陪孩子好好阅读的妈妈。

所以我常常感谢那个"没有觉得自己在坚持什么,只是很想读下去"的我。

因为她,我走到了今天;也因为她,我能带着更多人走得更远。

共读时光，孩子教我重新生长

容朗Nicole

"90后"二孩创业宝妈
深耕教育培训行业11年，持续创业者
英语学习规划师，双语绘本指导师

在写这些文字的时候，我刚生完二宝，还在坐月子阶段。原本期待的是二胎生活的其乐融融，哥哥爱妹妹，爸爸带哥哥，奶奶做后盾，我只需要好好恢复身体就行。然而现实的状况却让我们猝不及防，谈不上鸡飞狗跳，但也手忙脚乱。不仅面临妹妹的加入，还有从托班进入幼儿园的环境变化，同学和老师的变化，这对大宝和我来说都是不小的挑战。

就在我跟爸爸还有奶奶，在苦恼如何帮助大宝谷粒顺利过渡的同时，我们不约而同地想到谷粒一直以来的习惯：睡前阅读。我们说不定可以通过这个习惯的重塑，来帮助他去调整状态，尽快适应新的环境，以及新的家庭成员——妹妹的加入。

01 阅读，是亲子关系的纽带

一胎时候从育儿书中了解到，腹中宝宝的听力在15-20周开始逐步发育并逐步敏感，我跟谷粒爸爸从谷粒16周左右开始，每天晚上轮流给他讲故事。每次讲故事之前，谷粒爸爸都有一个标志性"仪式"：隔着我的肚皮说道：谷粒谷粒，我是你爸爸，我是你爸爸，你听到了吗？前期还没有胎动的时候，只是谷粒爸爸一个人在表演，在20周的某一天夜晚，正当谷粒爸爸像平常一样准备翻开书开始讲故事的时候，我感受到了一阵轻微的胎动。这可把谷粒爸爸高兴坏了，连忙对着我的肚皮说道：我是爸爸，我是爸爸，你听到了回应我一下。停顿3秒钟后，我们看到谷粒在肚子里不知是用小脚丫还是小拳头，用行动告诉我们他在"认真地"听呢。从那之后，谷粒爸爸讲故事时可带劲儿了。简直是激情表演，就差眉飞色舞了。讲完故事爸爸妈妈还要跟肚子里的宝贝轻声说晚安，才把书收起来。因为胎教的共读阅读时光，我们与大宝谷粒的联结很早就开始有了。所以大宝你知道吗，在你出生之前，我们已经爱你很久了呢。我们因为阅读，三颗心紧紧地在一起。

还记得在谷粒16个月左右的时候，我第一次单独回老家，跟谷粒分开一个星期。那时候谷粒已经断母乳了，加上有爷爷奶奶和爸爸的陪伴，谷粒似乎没有觉得有太多不一样。日常谷粒爸爸会拍一些谷粒的视频分享给我，有一次晚上吃完饭，爸爸带谷粒下楼一起去拿快递，谷粒爸爸说，谷粒一定要带上一本书，还有模有样地打开，然后到处看。播下视频暂停键，才看到那是之前我们一起读的绘本《我妈妈》。看到这个视频的时候，我正在湖北家里，跟我的妈妈睡在一起，分享视频给谷粒的外婆。谷粒的外婆说，你回来这么久，宝宝可能还不会表达，但是一看就是很想妈妈了，要去找妈妈。是啊，虽然谷粒那时候还不怎么会说话，但是不代表他没有想法，他在用他的方式来表达对妈妈的想念和爱。

孩子虽小，爱意不小，他们用行动诉说着对父母的眷恋。孩子的爱纯粹又真挚，一个小小的举动，满是对妈妈的思念。

02 阅读，是测量成长的标尺

在大宝谷粒快一岁的时候，我在思考准备一份怎样的礼物送给谷粒。在家人和朋友的推荐下，我为谷粒订购了2年的巧虎。从谷粒1岁到现在的26月龄，每个月准时到达巧虎的快递。

13月龄的时候，谷粒才开始跟我们一起吃米饭，我们一起读了《我爱吃饭》，谷粒会学着巧虎的样子，坐餐椅，系上围兜，拿起勺子，开始笨拙地吃食物。

14月龄的时候，谷粒逐步学习自主入睡，在睡前我们一起翻阅了绘本《睡觉时间到》，谷粒晚上喝完最后一顿牛奶，会自己穿着最爱的猫咪小拖鞋，把奶瓶放到厨房的台面上，然后回到房间爬上床。随即我们关上灯，打开巧虎睡眠投影仪，谷粒看着天花板上投影的小物件，随着音乐，一起跟自己的绘本，书包，椅子等物品，一一说晚安，然后关上眼睛小窗户，关上嘴巴小窗户，静静睡着，进入梦乡。

15月龄的时候，跟着绘本《我有礼貌》的指引，谷粒学会了见面说你好，分开说拜拜，表达喜爱用抱抱，面对特别喜欢的人还会飞吻，表达感谢说谢谢，解锁了各种礼貌用语。进出电梯的邻居们他都要兴奋地打招呼，整栋楼的爷爷奶奶，叔叔阿姨们都认识谷粒宝贝，都说谷粒肉嘟嘟的真可爱。我想这应该不是亲妈滤镜吧。

谷粒到了18月龄的时候，从洗澡盆换成了坐盆洗澡，像绘本《洗澡真开心》里面的巧虎那样，洗澡的时候，每天带上最近喜欢的小型玩具，不知不觉中，玩具占据了一整个洗澡桶。

在谷粒19月龄的时候，我们一起读的《你一半，我一半》，谷粒学会了分享。

在谷粒20月龄的时候，我们一起《一起做家务》中学会了帮忙做家务，从此家里扫地的一员中加了你一个。

在谷粒22月龄学习了《我去上厕所》如何正确上厕所后，谷粒逐步戒掉尿不湿。

在谷粒23月龄看了《安全出去玩》中巧虎跟着爸爸妈妈出游，他学会了从准备工作到出发系安全带，再到出门跟我们牵手，知道出行的流程和安全性，主动坐安全座椅。

24月龄跟我一起读过的《妈妈去上班》，读着读着，我不经意间抬头看看谷粒，就看到谷粒的眼眶红了起来，鼻头一酸，就要哭了。谷粒知道我们也不是24小时陪伴在他身边，我们会跟谷粒说，就像谷粒平常去托班上学一样，我们也需要去上班，有自己需要去做的事情。而在那之前，每次我们出门去上班的时候，谷粒都会哭得撕心裂肺的，好像我们不回来了一样。这时候，我们会俯下身子去抱抱谷粒，安抚一下后再出门。中间也经历过因为担心他再次哭泣，而选择悄悄离开"溜走"。谷粒上了托班后，跟园长交流过这个情况，园长老师的建议是一定要告知孩子后再离开，并告诉他什么时候回来，这样孩子的心理上即使是不舍得不愿意，但是他是有安全感的。所以我跟谷粒爸爸又重新尝试每次出门前提前告知的习惯。确实，经过一段时间后，谷粒不会再像之前那样大哭大闹了，情绪也稳定了许多，还会跟我们飞吻。从一步一步趔趔趄趄学走路，到咿呀学语，再到能很快跑步、骑平衡车，学会新名词短语、长句子，甚至是现在的自己讲故事给我听，从早教到托班再到如今的幼儿园小小班，我们一起读过的每一本绘本都见证着谷粒的成长，和点滴间的每一次进步。

03 陪伴，是专属美好时光

在我小的时候，最初的记忆里，妈妈穿着绿色格子衬衣，花裙子，戴着眼镜，经常在茶余饭后倚靠在爸爸做的木沙发上，读报纸看新闻。有时候，妈妈边看边问我这个字怎么读，那个字怎么读。然后让我查字典跟她分享。让我"教"她字的发音还有表达的意思是什么。那时候，爸爸刚给我买的《新华字典》，我都不太舍得翻动，因为班上好像就只有几个同学有，我把它当作宝贝一样，还没怎么翻过。所以有时候我还有点不太情愿，还会想，妈妈是不是真的不会读，不知道意思呀。空闲的时候，还会跟妈妈讨论一下当时的新闻里的奇闻轶事。

现在想想，可能妈妈是想锻炼一下我查字典的能力，还有对知识的求真。无论如何，这个点让我在之后的学习生活中，对于知识有很强的敬畏心和求知欲，让我对很多未知领域很好奇，想要去探索。好奇心使我对这个世界又更热爱了一些。谢谢妈妈的"无心插柳"。在那些黑白的字里行间，早已经不记得文字里都写了些什么，那些新闻也早就成为过去。而与妈妈相处的这段美好时光的画面，成为彼此陪伴的专属美好时光。虽然我的妈妈文化水平不高，小学没有读完就辍学帮家里干农活照顾妹妹们。可能是受到作为语文老师的外公的影响，妈妈将对于文字的喜爱，带入我们的生活中，在阅读的时光留声机里，有我和妈妈的欢声笑语。

字里行间的新闻已模糊，但与妈妈共读报纸的画面，成了镌刻在时光里的专属美好，承载着语文老师外公传递的对文字的热爱。

而对于长大后成为妈妈的我来说，我与谷粒的阅读时光，是从谷粒口欲期阶段，触摸的布书开始。例如谷粒可以通过各种动物的尾巴不同的设计，不同材质可以发出不同声音，可以用手去挤压触碰，或者用嘴巴直接啃咬。我会装作不知道是什么动物，而让谷粒去用他独特的方式来回应我。

到后面的洞洞书《猜猜我是谁》系列，不同主题下，每次都会有下一页的指引问题抛出来，引发孩子对于下一个画面的猜想。每当这时候，我会"变声"，像对应的小动物或者相关主题的人物形象一样，去逗一逗谷粒。谷粒很喜欢跟我一起来猜下一个画面。对他来说，那不只是一个个画面，更是跟妈妈一起来玩游戏一样，探索谜底。

从布书到洞洞书，亲子阅读不是简单的翻书，而是我与孩子用声音、互动编织的专属游戏时光，是全天候陪伴之外的温情联结。

04 共读，让我有机会把自己重新养一遍

尽管小时候，我获得了比较多的来自父母的爱与陪伴，但是毕竟那时候，父母更多的是为家庭琐事和工作奔波。而谷粒成长的阶段里，很庆幸我参与了整个过程，并经常会想着，如果是我的小时候，我希望被如何对待，然后在谷粒身上进行"测试"。

带着过往的经历与感悟，在养育孩子的路上，我温柔且坚定地重走童年，弥补遗憾，传递温暖。

在育儿的琐碎与哭闹里，我把对儿时自己的期待倾注其中，重新滋养那个曾未被完全满足的童年。

在陪伴大宝阅读的过程中，那些在书页间流转的迟来都不只是知识，更是生命与生命之间的温柔照亮。不是我在教孩子读书，是孩子在教我重读人生。

当育儿从KPI考核变为生命共舞，我放下了曾经的执拗和焦虑。原来真正的用心陪伴，只需要爱与倾听。我们作为父母，不是修剪枝丫的园丁，而是与幼苗共享晨露的土地。

即使有了二宝，我依然想要坚定地践行"俩娃以后，精彩依旧"的生活理念，因为这不仅是我对于家庭生活的期待和向往，更是我想要活出自己的价值，很多年后，当我的孩子们看到这一段，也能够以我为榜样，努力地去追求一切自己想要的。就像我的爱豆"趁早"创始人潇洒姐写的：按自己的意愿过一生。

如何用亲子共读培养孩子的终身阅读基因

张晓天

弘丹写作资深社群运营
小红书读书博主
手机摄影爱好者

我出生在东北的一个小山村，父母为了让我们接受更好的教育，带我们搬到了县城。初中时期我在一部电视剧里看到了繁华的上海的场景，那一幕在我的心里种下了憧憬的种子。

在考大学时我毅然选择了外省，工作后从东北一路漂到了南方，我在工作的第7年来到了这座一直憧憬的城市——上海。

当时就想到《牧羊少年奇幻之旅》里的箴言："当你想要某种东西时，整个宇宙会合力助你实现。"原来人生真如作者所言，每个执念都是颗会发芽的种子。

在上海这座城市打拼并不容易，很幸运的是，在我即将离开上海的时候认识了弘丹老师，命运的齿轮开始转动，这才有了这次参与出书的机会。

经历了孕期的诸多波折，很幸运地在2024年11月顺利地生下了我的"小龙女"。这些文字是我送给她的出生礼。在未来成长的路上，我们结伴而行，愿她可以用阅读丈量世界，用书写雕刻时光。

01 从恐婚少女到新手妈妈的觉醒之路

"结婚有什么好处？"这个席卷全网的灵魂拷问也曾让我辗转难眠。作为恐婚一族，我也曾多次思考过这个问题，却始终没有找到答案。

命运最有趣的安排，就是缘分这件事了，黄先生突然闯进了我的世界。2024年如同时光加速器，让我在短短的365天里完成了人生三级跳：结婚，买房，生子，迎来了我的"小龙女"。

当听到孩子啼哭的瞬间，前所未有的使命感涌上心头。我的孩子，将如何在这个信息爆炸的时代健康成长？那些关于"起跑线"的焦虑，那些对AI时代的隐忧，都成为我的课题。

最好的早教不是昂贵的课程，而是言传身教。我要成为一个很好的样子，孩子才会有样学样。

以前的我，做事很拖延，学习就更不用说了，工作后彻底放飞自我，一直到知识付费时代的到来，我开始焦虑，开始意识到学习的重要性，也在当时疯狂囤课，但最终发现，其实最低成本的学习就是阅读。

我开始学习如何阅读，如何养成阅读的习惯。《如何有效阅读一本书》教会我将知识内化成思维养分。在《微习惯》里，我学会了用"每天阅读15分钟"这样微小的承诺重建生活秩序，养成良好的阅读习惯并且长期坚持。

为了更好地输入和输出，我还去学习了如何写书评的课程，希望将阅读的书籍都留下痕迹，给自己启发的同时也可以给更多人参考。

我也曾追求过读书的数量，经常刷到文章标题写着"一年读几百本书"，感觉超厉害的样子。因此我也想提升阅读速度，有段时间很流行各类快速阅读法，我也沉迷研究了一番后，确实提升了我的阅读速度，看书快了很多。

有些时候书籍是最好的治愈良药，给孩子读《小王子》时，我突然感悟：真正滋养灵魂的，从来不是阅读速度，而是文字与生命共振的深度。就像育儿，重要的不是追赶成长指标，而是守护那些静待花开的美好时辰。

我开始了解如何陪孩子阅读，让她从小养成阅读的习惯。当读到《陪孩子有效阅读》一书中的这句话：培养孩子的终身能力就是阅读。我更加笃定要培养好她的阅读习惯，因为阅读不仅是学习的基础，更是培养孩子安全感、专注力、逻辑思维、情商等关键能力的途径。在AI快速发展的时代，真正的教育是培养不会被AI取代的底层能力，阅读正是构建这些能力的底层支撑。

02 如何培养孩子的阅读习惯

从怀孕起，我一直都好奇我的孩子出生后会是什么样？也时常焦虑，我能养育好她吗？

但我始终坚信一点：既然带她来到这个世界，我一定尽我所能成为可以为她托底的人，让她成长为一个精神富足的人。

我也始终相信，对孩子最有用的教育，就是让她看见你在成为更好的自己。作家黄淑文说过：只要活出你自己要给孩子的典范，孩子自然会成长为所看见的人。

孕期看过的一本启蒙书籍说："如果孩子6个月之内没有开始阅读，那也许要等到18个月以后才能开始接受阅读。"

关于如何培养孩子的阅读习惯？我翻阅了很多育儿启蒙及其他书籍，也还一直在不断地学习和实践中。

看到有位儿童心理学博士指出：一个从小有家长给他读书的孩子，长大后无论是理解能力还是表达能力，都要超过从未听过爸爸妈妈给自己读书的孩子。

我怀孕初期，严重孕反，直到孕中期，我开始每天用15分钟给她讲故事，在孕晚期，每晚读书的时间，她经常会和我互动，小脚踢个不停。孩子出生后，感觉时间过得飞快，正应了那句话"孩子是时间最好的参照物"，看着每天都让你有不同惊喜，每天都在成长的她，我知道更要珍惜时间，抓住培养阅读习惯的关键期，不然一眨眼她就长大了。

作为一个新手妈妈，我也经常手忙脚乱，很多时候感觉无从下手。虽然做了很多功课，加了很多早教群，每天看到群里的宝妈都在卷，买书，买点读笔，还有自制的各类素材，我陷入过一阵迷茫，我到底要做点什么呢？

我还关注了很多育儿的博主，跟着买了几套书：0~6个月的宝宝做一些简单输入的书，从最基础的黑白卡，彩色卡到布书入手，给她练习追视，练习抓咬；6个月~1岁的宝宝适合的一些洞洞书、认知书。

这个时期也是培养她的专注力的最佳时机，平时她自己玩的时候不要去打扰她，可以一边放着《Super Simple Song》的儿歌做背景音乐磨耳朵，晚上用10分钟给她讲一个晚安绘本故事。

当她需要我的时候，我也会找时机带着她做一些儿歌TPR（Total Physical Response）指令动作来互动，4个多月的她也会跟着咯咯笑，幸福在此刻具象化了。

培育孩子是一件长期主义的事情，无论是阅读还是其他，都不要追赶别人的步伐，每个孩子都不一样。如何陪同孩子养成阅读习惯，让她可以开心地去阅读和学习，不会对此产生抗拒？我做了以下的阅读的四重奏。

1.打造读书角

小时候我一直希望可以有一个自己的读书角，书架上摆满喜欢的书。现在，我在家中为她打造了一个专属的阅读角落，放置了一个书架，让她会爬会走后可以随手拿到自己喜欢的书籍，让阅读的氛围萦绕在身旁。

2.建立仪式感

现代人电子产品几乎都不离手，但这对小孩子是非常不友好的，所以，我会设置每天固定15-20分钟的"无电子产品时间"，全家共同阅读。

等她可以互动的时候，也带着她做一些互动游戏。很多时候，可以通过游戏更好地让她接受和吸收知识。

3.不急不慌，等待时机

作为新手家长，时常会给自己制造焦虑，总怕她这不会那不会。就像现在我着急她不会自己翻身，每天训练她教她如何去做。

我在一本书中看到一段话说："其实，模仿是孩子的天性，当她准备好了的时候，你想不让她做，不让她输出都难，但在条件不成熟的时候，大人的要求只能让孩子退缩，甚至产生畏惧心理。"

所以，千万不要心急，多多观察，等待时机。我先做好我能做的，每天持续给她读绘本，讲故事，等待她有一天可以自己来拿书阅读。

4.注意孩子的信号

平时在给她读书的时候，我会观察她的眼神，确认她的状态，如果她在东张西望，眼神都没有聚焦在我这里，我会暂停阅读，让她自己玩。

即使是在婴儿阶段像"对牛弹琴"的输入，也千万不要自顾自地去阅读，要等待她的信号，去引导她，不要强迫她做你认为有用的东西。当孩子大一些，愿意指着文字并尝试跟读或自己读，这是阅读敏感期的信号，这时候一定要抓住时机，给她提供感兴趣的读物，提升她的信心。

陪孩子一起阅读，陪孩子的"心"慢慢长大。培养终身阅读的好习惯是一件长期主义的事，慢慢来，不要快。

03 写在最后

读书不仅仅是认字,更是一种综合的人生体验。毛姆曾说:"培养阅读的习惯就是为你自己构建一座避难所,让你得以逃离人世间几乎所有痛苦与不幸。"

养育从来不是单向灌溉,而是两代人互为镜像的修行。通过阅读,我希望可以带她见到更广阔的世界。

有位儿童文学家说:"给孩子读书就像在存情感银行,等他们长大后,会连本带利取出温暖。"

我希望每天的亲子共读,过渡到她可以自主阅读并且热爱阅读,也希望这些阅历在将来的某些时刻,可以成为她穿越人生风雨时的星光。

阅读，
平凡日子里的光

微微

正面管教家长讲师
高级家庭教育指导师
社群运营官

2025年的4月，一个惬意的午后，我正在构思书稿。一边思索，一边在键盘上敲击文字，扫过键盘的声音就像时钟的钟摆一样，推动着事情继续。

突然，手机屏幕忽然亮起，小红书推送了一条消息，《新周刊》第681期《不做二手读者》的封面跃入眼帘。好熟悉的感觉，《新周刊》这三个字就像一根魔法棒，瞬间唤醒了我沉睡的记忆。

封面上的插图和排版，让我想起大学时在旧书摊翻杂志的某个黄昏。那一刻，时光的闸门被轰然打开。2008年大学时期的青葱岁月，如潮水般涌来。那个在书摊前徘徊、被知识渴望驱使的自己，仿佛就在眼前，触手可及。

01 农村女孩的知识拼图

小时候，村里小学的图书角空空荡荡，比灶台上的酱油瓶还寒酸，压根满足不了我对知识的强烈渴望。彼时，那台家里的14寸彩色电视机和一台小小的收音机，成了我眺望外面世界的小小窗口。

《正大综艺》里的世界地图，承载着我对远方的懵懂憧憬，我常常盯着屏幕，想象着那些身处遥远国度的人们的日常生活；《百家讲坛》里妙语连珠的历史故事，宛如一把把钥匙，打开了古老岁月的大门,让我沉迷于历史的长河,感受着岁月的变迁;《主持人大赛》里意气风发、能言善辩的哥哥姐姐,更是成为我暗自效仿的偶像,我在心里模仿着他们的姿态和语调,梦想着有一天也能像他们一样站在舞台上。

每天傍晚6点,《小喇叭》节目的声音会准时从半导体里蹦出来。我把收音机贴在耳边听故事,电池盒漏出的电解液将我的袖口烧出小洞,我却觉得这是知识学习后奖励的"勋章"。村里的夜晚静悄悄的,中央人民广播电台的声波在土墙上撞出回响,我常对着糊墙的旧报纸练习朗读,那稚嫩的声音在房间里回荡,我满是对知识的渴望。

三、四年级时,《小读者》乘着邮差的自行车进入校园。班主任举着征订单走进教室时,窗外正飘着杨絮,那洁白的杨絮仿佛也承载着我对知识的向往。回家央求母亲给我也订阅一份,此后每月15号,我总要怀着激动又忐忑的心情等待《小读者》的到来,每次一拿到《小读者》,我都迫不及待地和同学们聚在一起阅读和讨论,分享着彼此的喜悦。好词好句滋养了我们贫瘠的知识土壤,嫩芽得以破土而出,我们把好词好句摘抄下来,珍藏在笔记本里,那些文字成为我们与知识世界链接的桥梁。

02 闯入新世界的"笨学生"

2008年,怀揣着满心的憧憬与忐忑,我踏入大学校园。报到第一天，室友书架上那本书狠狠地刺痛了我。她们聚在一起，谈论着书中的家训"黎明即起，洒扫庭除"，言辞间透着对传统文化的熟稔亲近，而我只能低头不语，插不进去一句话，只能在旁边默默地听着，内心的自卑如浪潮般将我淹没。那一刻，我深深领悟到，读书人的自卑往往从"没听说过"开始。

然而，转机悄然降临。在校园的一次闲逛中，我邂逅了学校旧书摊摊主，他那堆满过期刊物的书摊，成了我求知路上的"世外桃源"。过期的《三联生活周刊》《新周刊》《南方周末》，还有《第一财经》，每本都像是藏着无尽宝藏，那些泛黄的纸张上印着的字迹，仿佛有着神奇的魔力，吸引着我不断地去探索。

每周杂志新刊发行的日子，我就早早地蹲守在书摊前，等待新刊的到来，那期待的心情，丝毫不亚于等待一场盛大的约会。每当新刊到货，我就像一个饥饿的人扑在面包上，迫不及待地翻开杂志，一页页地阅读着，沉浸在知识的海洋里。靠着这些书，我一点点填补着知识的沟壑，内心逐渐充盈，不再为插不上话而尴尬，也慢慢褪去了初入大学时的青涩与自卑。正如那句"书中自有颜如玉"，知识在无声中重塑了我的灵魂，为我披上自信的外衣。

03 在童书里重生

怀孕7个月时，我开始给未出生的孩子囤了许多绘本，只为给孩子铺就一个充满书香的起点。每翻开一本绘本，我都在心里默默地读给孩子听，希望这些美好的故事能够成为孩子的摇篮曲。

婆婆看着那一摞摞的书和长长的账单，满是不解，问："几本画册怎么比奶粉还贵？"而我深知，当我在产床上疼得发抖时，背包里的画册《猜猜我有多爱你》正是我勇气的来源，给我力量去迎接新生命。那种力量，是知识给予我的，让我在面对未知的恐惧时，依然能够坚强地迈出那一步。

孩子出生后，绘本成了我们母子间最亲密的纽带。女儿两岁时，手一挥，"唰"的一声，把《好饿的毛毛虫》撕了个稀巴烂，我连夜用胶带修补。我觉得撕书也是一种对书籍的探索，只要她对书籍感兴趣就好。每次修补好后，我仍然会拿着书给孩子讲，指着那些被修补过的地方，告诉她这是妈妈和她一起留下的"成长印记"。

家里的书架，从1个增加到5个，看着满架的书，亲戚常问："这些书你都看过？"我笑而不语，给他们看孩子读宫西达也绘本时的照片。我常常被绘本里细腻的故事打动，绘本有着某种魔力，在读的时候，我仿佛还是那个未长大的孩子。那些文字与图画，治愈了我缺乏书籍的童年。我在阅读绘本的过程中，也在不断地回忆着自己的童年，那些曾经的遗憾和美好，都在这一刻交织在一起。

04 微光成炬

2021年，我考取了家庭教育指导师资格证书。我经常带着好看的绘本举办免费的故事会，我希望绘本的魅力能给更多孩子的童年带去美好。每次准备故事会的时候，我都会精心挑选绘本，反复练习讲述的方式，希望能够让孩子们更好地感受到故事的魅力。

社区的最后一场"故事妈妈"活动上，我声情并茂地给孩子们讲《菲菲生气了》。台下，当年听我讲故事的孩子，如今已长成翩翩少年郎。一个女孩举起缠满胶带的旧绘本，书脊上贴着她画的"不生气指南"，眼神期待地问我："老师，我能当助教吗？"看着她稚嫩却坚定的眼神，我看到了阅读传承的希望。那一刻，我感到自己所做的一切都是值得的，知识的火种在孩子们心中点燃，并开始传递下去。

如今，孩子踏入小学，阅读早已融入了我们的日常。那些年拆解绘本练就的画思维导图技能，让我能够在自媒体写作时更加清晰地表达自己的想法；考取正面管教证书，标志着我具备了相应的能力，能一次次化解我和孩子之间的小小危机，让我们的亲子关系更加和谐。在面对孩子的成长问题时，我能够用所学的知识去引导孩子，而不是简单地责备。

当年对着30个孩子讲解绘本所催生出的表达欲，让我不再害怕在文字间袒露心声。写作于我而言，不再是遥不可及的梦想，而是指尖流淌的日常。文字成了我记录生活、表达情感的工具,我用文字分享着自己的经历和感悟,希望能够触动更多的人。

阅读,是我与世界对话的桥梁,是我心灵的灯塔。它让平凡的日子有了诗意的底色,让我的人生旅程始终有光相伴。这一路走来,阅读就像一束光,照亮了我平凡的日子里的每一个角落,也让我从那个懵懂的农村小姑娘,成长为一个自信、内心充实的妈妈。未来,我还会继续在阅读的道路上走下去,带着这份光,去探索更多未知的世界,书写属于自己的未完待续……